Marga Beckstein/Barbara Regitz/Brigitte Widder

Winter in der Grundschule

Jahreszeitenbuch für einen integrativen Unterricht in der Grundschule

R. Oldenbourg Verlag München

PRÖGEL PRAXIS 167

Die Deutsche Bibliothek – CIP-Einheitsaufnahme

Beckstein, Marga:
Winter in der Grundschule: Jahreszeitenbuch für einen integrativen Unterricht in der Grundschule/Marga Beckstein/Barbara Regitz/Brigitte Widder. – 6. Aufl., Nachdr. unter Berücks. der Rechtschreibreform. – München: Oldenbourg, 1997
(Prögel-Praxis; 167)
ISBN 3-486-98623-6 brosch.

6., die Rechtschreibreform berücksichtigende, Auflage 1997

Herstellung: Fredi Grosser
Grafiken: Wolfgang Freitag, Ahrensburg
Notation: amadeus Music, München
Umschlagfoto: Susanne de Haén; München
Umschlagkonzeption: Mendell & Oberer, München
Satz: Hieronymus Mühlberger GmbH, Gersthofen
Druck und Bindung: Schneider Druck GmbH, Rothenburg ob der Tauber

ISBN 3-486-**98623**-6

Inhaltsverzeichnis

2. Der Winter ist da

3. Das alte Jahr ist vergangen – ein neues Jahr beginnt

4. Der Winter bringt Eis und Schnee – juchhe!

Musik: Verwendete Zeichen und Symbole

	Becken		Triangel
	Rassel		Schelenreif
	Handtrommel	GL	Glockenspiel
	Klanghölzer	MET	Metallophon
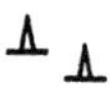	Fingercymbeln	BL	Blockflöte
	aufwärts Glissandobewegung auf Stabspielen abwärts	XYL	Xylophon

Klanggesten

pa	patschen	kla	klatschen
sta	stampfen	schna	schnalzen

Hinweis zu Harmonien
Großbuchstaben: DUR-Tonarten
Kleinbuchstabe

Vorwort

Mit unserem Buch wollen wir zeigen, wie die Inhalte verschiedener Fächer unter dem Aspekt „Winter“ verbunden werden können, ohne dass eine bloße Aneinanderreihung entsteht. Die Orientierung an der Jahreszeit spricht die für das Grundschulkind so wichtige Komponente des *emotionalen Lernens* an, die jedoch das Erarbeiten fachspezifischer Inhalte keineswegs ausschließt, sondern vielmehr unterstützt. Die Zuordnung von Unterrichtsthemen zu einzelnen Schuljahren ist als Vorschlag zu verstehen. Viele Unterrichtsanregungen und Unterrichtsbeispiele sind ohnehin so konzipiert, dass sie bei geringfügiger Abänderung für mehrere Schuljahre gültig sind.

So wollen unsere *Unterrichtshilfen* zeigen,

- wie sich das Thema „Winter“ im Unterricht aufschließen lässt,
- wie emotional gesteuert fachspezifische Inhalte erarbeitet werden können
- und wie sich schließlich Elemente der musischen Fächer mit dem Deutsch- und Sachunterricht zu einer thematischen Einheit verbinden lassen.

Unser Buch ist aus langjähriger Unterrichtspraxis und unserer Tätigkeit in der Lehrerausbildung entstanden. Es will für Sie ein *Begleiter durch die Wintermonate* sein und Ihnen Vorschläge (keine Rezepte!) für den Aufbau des Unterrichts geben, sowie Folien, Tafelbilder und Arbeitsblätter anbieten. Wir haben uns auch bemüht Ihnen organisatorische Überlegungen abzunehmen und Ihnen viele Hinweise zu geben, die wir im Laufe unserer Tätigkeit als wichtig erfahren haben. Wir hoffen sowohl erfahrenen Kollegen neue Impulse geben zu können, als auch jenen Lehrern den Einstieg zu erleichtern, die ein Schuljahr neu übernommen haben oder gar den Schuldienst beginnen. Zugleich ist das Buch sicher auch für Vertretungsstunden hilfreich, wenn man nur kurzfristig planen kann und doch intensiv arbeiten will.

Der Vollständigkeit halber sei noch auf unser Buch „Advent und Weihnachten in der Grundschule“ (Prögel Band 154) hingewiesen, in dem Sie eine Fülle von Vorschlägen für die Advents- und Weihnachtszeit finden.

Wir hoffen, dass unser Buch Sie unsere Freude am Erziehen und Unterrichten spüren lässt und dass wir diese Freude an Sie weitergeben können.

Nürnberg, im Februar 1991

Marga Beckstein
Barbara Regitz
Brigitte Widder

1. Winteranfang

Nach dem Kalender ist am 22. Dezember Winteranfang. Das bedeutet jedoch keineswegs, dass die folgenden Themen erst ab diesem Tag im Unterricht behandelt werden; vielmehr sind sie dann für die Planung relevant, wenn die Tage kurz werden und das Wetter sich winterlich zeigt.

1.1 Wir warten auf den Winter

Schnee, Schneemannbauen, Schlittenfahren sehnen alle Kinder herbei. Deshalb nützen wir diese natürliche Motivation möglichst langfristig für den Unterricht.

Stundenbild: Wer findet Spuren des Winters?
(Langzeitbeobachtung 1.–4. Schuljahr)

Einstieg
Der Lehrer heftet winterliche Kalenderbilder (Poster/Zeitschriftenbilder/Postkarten) an die Tafel.
Unterrichtsgespräch
- Da ist schon Winter, bei uns noch nicht (oder: ... so wie bei uns).
- Da hat es schon viel geschneit, der See ist zugefroren.
- Hoffentlich kommt zu uns auch bald der Winter usw.

Zielangabe
Wir wollen überlegen, wie oder woran man erkennen kann, dass draußen Winter ist, vielleicht schon bevor am 22. Dezember der Winteranfang im Kalender steht.

Erarbeitung
Tafelanschrift: Spuren des Winters
Die Tafelanschrift wird jeweils mit den im *Unterrichtsgespräch* gesammelten Hinweisen auf den Winter ergänzt:
Es ist Winter,
- wenn die Pfützen zugefroren sind.
- wenn man den Atemhauch als „Rauch“ sieht.
- wenn man die Autoscheiben abkratzen muss.
- wenn es schneit.
- wenn man im Garten die Spuren der Vögel im Schnee sieht.
- wenn man einen Schneeball machen kann.
- wenn Vögel ans Futterhaus kommen usw.
  (evtl. Bilder als Impulse anbieten)

Planung: Wir wollen genau aufpassen, damit uns keines dieser Zeichen, die der Winter setzt, entgeht.
Der Lehrer zeigt ein Plakat, auf dem einige der angesprochenen Merkmale des Winters bereits zeichnerisch dargestellt sind.

(Weitere im Klassengespräch erarbeitete Merkmale können natürlich ergänzt werden.)
Die Kinder erkennen, dass das Datum noch fehlt und begreifen das *Vorhaben:*
Wir wollen versuchen den Winter gleich zu entdecken, wenn er sich zeigt. Wer so eine „Geheimschrift" des Winters gefunden hat, darf davon im Morgenkreis berichten; die Beobachtung oder Entdeckung wird auf einem *Plakat* vermerkt.

Abbildung 1

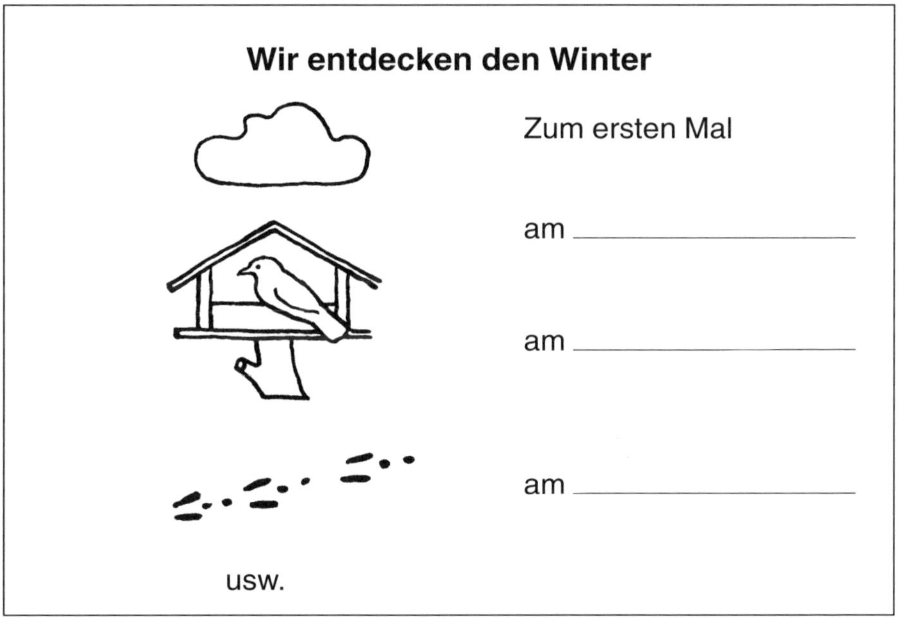

Hinweis: Bei langfristiger Unterrichtsplanung ist es reizvoll, wenn auf dem Plakat vorwiegend jene Merkmale des Winters festgehalten werden, die anschließend im Laufe der Wintermonate auch als unterrichtliche Themen realisiert werden.

1.2 Auf dem Schulweg ist es morgens finster und neblig

Stundenbild: Helle Farben geben Sicherheit
(Fächerübergreifendes Unterrichtsmodell 1./2. Schuljahr)

Ziele
1. Sachunterricht/Verkehrserziehung
– Feststellen, dass helle Farben sich von dunklem Hintergrund besser abheben als dunkle Farben

- Schlussfolgern, dass helle Kleidung in der Dunkelheit besser zu sehen ist als dunkle Kleidung
- Begreifen, dass es sicherer ist, wenn man bei düsterem Wetter und in der Dunkelheit helle Farben trägt

2. Kunsterziehung
- Farben beschreiben und benennen
- Zwischen hellen und dunklen Farben unterscheiden
- Beobachtungen zum Helligkeitskontrast versprachlichen
- Den Helligkeitskontrast gelborange und dunkelgrau bei der Gestaltung eines Bildes verwenden

3. Lesen

Erstlesen:
- Inhaltliches Erfassen eines kurzen Tafeltextes
- Leseübung an einem einfachen Text

Weiterführendes Lesen:
- Erlesen eines Textes
- Selbstständige Inhaltserschließung durch Fragen zum Text

Unterrichtsverlauf

Hinführung durch einen Text

Alles sieht ganz anders aus.

Peter geht zur Schule. Er kann die Häuser auf der anderen Straßenseite nicht sehen. Peter denkt: Alles sieht ganz anders aus.

Da kommt ihm ein großes, graues Gespenst entgegengesprungen.

Peter erschrickt. Aber es ist nur Richters Hund, der Peter begrüßen will.

Um die Ecke kommen zwei gelbe Lichter, die wie glühende Augen aussehen und immer größer werden.

Dem Peter wird es unheimlich. Wie die Lichter näherkommen, sieht er, dass es Schultes Bäckerwagen ist. Herr Schulte fährt heute sehr langsam und vorsichtig.

Das Schulhaus ist fast ganz versteckt. Als Peter kommt, sind andere Jungen auch schon da.

Peter ruft: „Heute können wir in der Pause toll Fangen spielen!“

Josef Schölling

(aus: Mein Lesebuch 2N. München 1983, S. 182)

1. Schuljahr

Der Lehrer liest die Geschichte vor.

Die Kinder vermuten, woran es liegt,
- dass Peter auf dem Schulweg so erschrickt,
- dass Herr Schulte heute so langsam fährt.

Die Kinder begreifen, dass es der Nebel sein muss, der diese Veränderungen brachte.

Tafelanschrift:

Draußen ist dicker Nebel.
Peter sieht nichts.
Die Autos fahren langsam.
Die Schule ist im Nebel versteckt.

Leseübung entsprechend dem Stand im Erstleselehrgang und den individuellen Lesefähigkeiten (z. B. zeilenweises Lesen, Wörter suchen, Wörter aufbauen, Buchstaben einkringeln, einzelne Wörter schreiben).

2. Schuljahr
Die Kinder erhalten den Text und erlesen ihn selbstständig.
Fragen zum Text:
- Peter geht aus dem Haus. Wohin will er gehen?
- Er erschrickt vor einem Gespenst. Wer ist das Gespenst?
- Peter erschrickt gleich noch einmal. Wovor?
- Peter freut sich besonders auf die Pause! Warum?

Das Bedenken und Beantworten dieser Fragen kann
- gedanklich,
- im Partnergespräch,
- in Einzelarbeit beim Niederschreiben auf den Block oder
- im Gespräch mit dem Partner und durch Niederschrift auf den Block erfolgen.

Problemgewinnung im Unterrichtsgespräch
- Peter hat heute auf seinem Schulweg besondere Erlebnisse.
- Draußen ist wahrscheinlich dicker Nebel.
- Erzählen eigener Nebelerlebnisse.

Problemstellung: Was hat der Nebel mit Peters Erlebnissen zu tun?
Erarbeitung (Kunsterziehung):
Wir malen, wie Peter die Welt an diesem Morgen sieht. Helle und dunkle Farben – Helligkeitskontrast.

Initiationsphase
Schließe die Augen und stelle dir vor: Du gehst zur Haustüre hinaus. Draußen ist dicker Nebel. Du kannst die Häuser auf der anderen Straßenseite kaum erkennen, die Bäume sind wie Schatten …

Explorationsphase
Wir überlegen, welche Farben wir aus dem Farbkasten auswählen müssen bzw. welche Farben nicht verwendet werden: Wir malen nass in nass, wir malen mit dicken Pinseln und in flächiger, zügiger Arbeit. Wir verwenden nur Grau, wässriges Schwarz, ein wenig Grün und Braun.
Objektivierungsphase: Selbstständiges Malen

Problemerhellung
Warum sieht Peter zuerst nur gelbe, glühende Augen und erkennt erst später, dass es das Auto von Herrn Schulte ist?
Vermutung der Kinder: Wahrscheinlich hat das Auto eine (dunkle) Farbe, die man im Nebel nicht sieht.

Problemlösung durch einen Versuch
Tafelbild: Straße, Bäume
Das Klassenzimmer wird verdunkelt.
Papierautos aus verschiedenfarbigen Tonpapieren (gelb, braun, schwarz, dunkelgrün, orange) „fahren" diese Straße entlang.
Erkenntnis: Das orangefarbene und das gelbe Auto, auch das rote, sieht man viel besser als das braune, schwarze und graue Auto.
Rückschluss auf den Text: Schultes Bäckerwagen war sicherlich grau, schwarz oder braun, deshalb hat Peter nur die Lichter als glühende Augen gesehen; und der Hund hatte sicher auch ein schwarzes Fell.
Anwendung: Ergänzung des Bildes. Wir malen die gelben, glühenden (Scheinwerfer-)Augen in unser Nebelbild.

Vertiefung der Erkenntnis
Wir wissen jetzt, welche Farben in der Dunkelheit leuchten und welche Farben die Dunkelheit verschluckt.
Wiederholung/Tafelanschrift:
Es gibt helle Farben: Rot, Gelb, Orange, Hellgrün, Hellblau.
Es gibt dunkle Farben: Braun, Grau, Schwarz, Dunkelblau, Dunkelgrün.

Festigung
1. Schuljahr: Arbeitsblatt

Helle ↓	**und Farben**	**dunkle** ↓
(Die Kinder malen Flecke mit hellen Farben.)	(Sie malen dunkle Farbflecken.)	Schwarzes Tonpapier aufgeklebt
Meine hellen Farben	Meine dunklen Farben	Eintrag durch die Schüler
(Die Kinder malen Peter in heller Kleidung.)		
Helle Kleider geben Sicherheit.		

2. Schuljahr
Graues Tonpapier DIN A3 und Wasserfarben
Die Kinder teilen das Blatt in zwei Spalten ein, beschriften sie (Helle Farben/Dunkle Farben) und setzen entsprechende Farbkleckse in die Spalten.

Weiterführung (neuer Tag)

Wiederholung
- Wiederholendes Lesen oder Erzählen des Textes
- Ordnen von Tonpapierstreifen in verschiedenen Farben in zwei Spalten (Überschrift: Helle und dunkle Farben)
- Wiederholung der Erkenntnis, dass nur helle Farben in der Dunkelheit leuchten

Denkanstoß: Du hast dir richtig überlegt, dass Schultes Auto eine dunkle Farbe hatte, deshalb konnte Peter es lange nicht sehen. Ich zeige dir jetzt, was Peter anhatte.
Der Lehrer legt *Kleidungsstücke* in den Sitzkreis: Dunkelblaue Mütze, dunkelblauer Schal, grauer Anorak und schwarze Hose.

Hilfsimpuls: Der Lehrer zeigt auf die an der Tafel geordneten Farben.

Erkenntnis
- Wahrscheinlich hat der Autofahrer Peter auch nicht gesehen, denn Peter war ganz dunkel gekleidet und dunkle Farben sieht man im Nebel nicht gut. Wie leicht hätte ein Unglück passieren können!
- Also muss ich, wenn es morgens beim Schulweg neblig oder noch dunkel ist, genau überlegen, was ich anziehe.

Festigung
1. Schuljahr: Arbeitsblatt (s. o.)
Wir malen auf die untere Hälfte des Arbeitsblattes Peter in heller Kleidung.
Merksatz (je nach Fähigkeiten selbst schreiben oder nur lesen): Helle Kleider geben Sicherheit.

2. Schuljahr
Wir malen mit Wasserfarben Peter in heller Kleidung und schreiben den Merksatz dazu.

Ausweitung
Du weißt, wie die Schülerlotsen (der Verkehrspolizist) gekleidet sind, die dir auf deinem Schulweg täglich helfen.
Evtl.: Wir laden die Schülerlotsen zu uns ein und schauen uns ihre Kleidung genau an.

Stundenbild: Novemberwetter! *(Lesen 3./4. Schuljahr)*

Ziele
Die Schüler sollen zwei Gedichte zum gleichen Thema kennen lernen und vergleichen. Dabei sollen sie
- durch Bildauswahl visualisieren und ausdrücken, dass jeweils Novemberwetter mit Regen, Wind, Sturm … beschrieben wird
- unterschiedliche sprachliche Mittel für den gleichen Sachverhalt gegenüberstellen
- unterschiedliche Aussagen und Bewertungen in diesen sprachlichen Mitteln und in ergänzenden Verszeilen erkennen, sie versprachlichen und durch Zuordnen von Gesichtsausdrücken emotional nachvollziehen
- überlegen, worauf die unterschiedliche Bewertung zurückzuführen sein könnte, und die Antwort den Texten entnehmen
- im klanggestaltenden Lesevortrag die unterschiedlichen Aussagen und Stimmungen realisieren

Unterrichtsverlauf
Hinführung
Tafelanschrift: So ein Wetter! *Tafelbild (1)* (s. S. 17)
Kurze Aussprache der Schüler.
Tafelanschrift ergänzen: Novemberwetter! (1)
Textbegegnung
Gruppe 1 (leseschwache Schüler): *Text 1*

Novemberregen

Große Tropfen platschen,
schwere Tropfen klatschen
wütend auf das Regendach.

Mantelkragen hochgeschlagen,
Schirm vor dem Gesicht getragen.
Kalter Wind wird wach.

Fegt daher und peitscht die Tropfen,
dass sie umso wilder klopfen
wütend auf das Regendach.

Alfons Schweiggert

(aus: Deutschbuch für Kinder 2. Frankfurt am Main, o. J., S. 114)

Gruppe 2: Text 2

November

① Solchen Monat muss man loben:
Keiner kann wie er so toben,
keiner so verdrießlich sein
und so ohne Sonnenschein!
Keiner so in Wolken maulen,
keiner so mit Sturmwind graulen!
Und wie nass er alles macht!
Ja, es ist 'ne wahre Pracht.

② Seht das schöne Schlackerwetter!
Und die armen, welken Blätter,
wie die tanzen in dem Wind
und so ganz verloren sind!
Wie der Sturm sie jagt und zwirbelt
und sie durcheinander wirbelt
und sie hetzt ohn' Unterlass:
Ja, das ist Novemberspaß!

③ Und die Scheiben, wie sie rinnen!
Und die Wolken, wie sie spinnen
ihren feuchten Himmelstau,
ur und ewig, trüb und grau!
Auf dem Dach die Regentropfen:
wie sie pochen, wie sie klopfen!
Schimmernd hängts an jedem Zweig,
einer dicken Träne gleich.

④ O, wie ist der Mann zu loben,
der solch unvernünft'ges Toben
schon im Voraus hat bedacht
und die Häuser hohl gemacht!
So, dass wir im Trocknen hausen
und mit stillvergnügtem Grausen
und in wohlgeborgner Ruh
solchem Greuel schauen zu!

Heinrich Seidel

Die vierte Strophe wird erst beim 4. Teilziel ausgegeben.

(aus: Sprache lebt – Lesebuch 3. München 1989, S. 147).

Arbeitsaufträge:
1. Lies genau.
2. Unterstreiche, was über den Regen im Gedicht steht. (schwarz)
3. Unterstreiche, was über den Wind im Gedicht steht. (blau)
4. Sucht gemeinsam aus den Bildern (Mappe mit Wetterbildern) solche aus, die zu diesem Wetter passen.

Zusatzaufgabe für Gruppe 1:
Partnerarbeit: Lest euch gegenseitig das Gedicht leise vor.
Zusatzaufgabe für Gruppe 2:
Unterstreiche die Zeilen, die nicht zu diesem Wetter passen. (rot)
Kurzzeitig sollte jede Gruppe vom Lehrer betreut und unterstützt werden im Blick auf Wort-, Text- und Aufgabenverständnis.

Texterschließung
1. Teilziel
Ausgewählte Bilder zu den beiden Gedichten werden getrennt an zwei Tafelseiten gehängt (2), sodass sie insgesamt jedoch einen Bildmittelpunkt ergeben (angeordnet wie Regentropfen).
Kurzer Kommentar: Novemberwetter – Regentropfen klatschen. – Der Wind pfeift. – Der Sturm heult. – Es ist kalt, grau, ungemütlich …

Lehrer: Eigentlich hatte doch jede Gruppe Bilder zu einem anderen Gedicht ausgesucht!
Schüler: Die Bilder sind gleich, austauschbar … Alle Bilder gelten für beide Gedichte … Es geht immer um das unfreundliche Novemberwetter …

2. Teilziel
Lehrer: Dann steht wohl auch in jedem Gedicht das Gleiche?
Die Schüler tragen jeweils vor, wie in ihrem Gedicht der Regen und der Wind beschrieben werden.
Tafelanschrift, evtl. vorbereitete Wortkarten (3)
Die Schüler vergleichen: Das zweite Gedicht beschreibt den Regen und den Wind … viel ausführlicher, viel genauer, anschaulicher, lebendiger, mit besonderen Wörtern (Wolken maulen …), spannender (hetzt, jagt …).

3. Teilziel
Die Schüler sollen aus einigen Fotos mit Gesichtsausdrücken (ärgerlich, traurig, missmutig … aber auch fröhlich, begeistert …) solche aussuchen, die zu den Gedichtinhalten passen und die Auswahl begründen. Vermutlich werden nur Bilder der 1. Kategorie gewählt.
Tafelbild: Die Bilder werden zu den Wetterbildern gehängt. (4)
Lehrer: Lest die Wörter aus den Gedichten einmal so vor, dass man hören kann, wie sich die Leute fühlen.
Klanggestaltungsversuche der Schüler
Kurze Aussprache: Man muss ärgerlich, missmutig, schlecht gelaunt, wütend … lesen. – Aber evtl. auch: Beim zweiten Gedicht könnte es auch ein bisschen anders klingen: spannend, erstaunt, lebendig …
Lehrer: Der Dichter des zweiten Gedichtes möchte, dass wir anders lesen. Ihr habt vorhin schon d i e Sätze rot unterstrichen, die das ganz deutlich verraten. Hebt diese Sätze beim Vorlesen der Strophen besonders hervor!
Die Schüler der 2. Gruppe lesen die drei Strophen.
Aussprache: Das klingt ganz begeistert, fröhlich … wenn der Dichter sagt: „Solchen Monat muss man loben!“ usw.
Tafelanschrift: Sprechblasen (5)
Der Lehrer weist auf die Gesichtsausdrücke hin.
Schüler: Zum zweiten Gedicht könnten auch ganz andere Gesichter passen. (Auswahl und Begründung)

4. Teilziel
Lehrer: Seltsam, dass der Dichter so begeistert ist vom Novemberwetter.
Die Schüler suchen nach Gründen und sprechen u. a. auch die differenziertere Sichtweise an (vgl. 2. Teilziel).

Lehrer: Es gibt noch einen weiteren Grund. Ihr findet ihn heraus, wenn ihr die *letzte Strophe* des Gedichtes lest.
Die Schüler erlesen den Text leise und lesen vor.
Aussprache: Der Dichter redet so begeistert vom Novemberwetter, weil er im warmen Zimmer sitzt und nur durch die Fensterscheibe zusieht, wie es draußen stürmt und regnet.
Lehrer: Du erfährst auch im anderen Gedicht, wie der Dichter das Novemberwetter erlebt.
Die Schüler lesen und erläutern Wendungen wie „Mantelkragen hochgeschlagen, Schirm vor dem Gesicht getragen …“.
Ergänzung des *Tafelbildes (6)*

5. Teilziel: Gestaltung
Die Schüler wählen jeder für sich ein Gedicht aus und versuchen im klanggestaltenden Lesen die jeweilige Stimmung auszudrücken.

Hinweise
Wetterbilder können aus Kalendern, Zeitschriften und Zeitungen ausgeschnitten werden.
Gesichter mit unterschiedlicher Mimik und unterschiedlichen Stimmungsäußerungen finden sich z. B. in: Fotomappen für Schule und Gemeinde, Hrsg. Katechetisches Amt Heilsbronn.

Tafelbild

Kunsterziehung

Bäume im Nebel

Material: Zeichenpapier DIN A4 oder DIN A3, Klebstoff in der Tube oder Flasche. (ACHTUNG: Der Kleber darf nicht wasserlöslich sein!)
Wasserfarben, dicker Haarpinsel oder kleine Schwämme.

Zuerst wird das ganze Zeichenblatt schwarz übermalt, wobei die Farbe mit dicken Pinseln oder dem Schwämmchen aufgetragen wird. Nach dem Trocknen werden kahle Bäume mit Klebstoffspuren linear dargestellt; nach dem Trocknen des Klebers wird vom ganzen Blatt über dem Waschbecken mit dem Schwamm die Farbe rasch wieder abgewaschen. Die wasserfesten Klebstoffspuren bleiben und erhalten die schwarze Linienzeichnung darunter, während die übrige schwarze Farbe zu wäßrigem, grauen Nebel verblasst. Die *Gestaltungsaufgabe* liegt vor allem in der Darstellung der Bäume. Es ist darauf zu achten, dass die Kinder Äste und Zweige in Wuchsrichtung gestalten und dass sie sich um feine Verästelungen bemühen.

Zimmergestaltung: Die Bilder werden auf dunklem Grund dekorativ angeordnet und die Überschrift „Nebel, Nebel, weißer Hauch“ wird mit gleicher Technik angefertigt.

Nebelgespenster

Material: Tempotaschentücher, Klebstoff, schwarzes Tonpapier DIN A4.

Die Kinder zupfen vom Tempotaschentuch einzelne Schichten ab und reißen daraus Gespenster, die auf dem Tonpapier angeordnet und aufgeklebt werden.

Die *Gestaltungsaufgabe* liegt in der Form der Gespenster, die als Nebelschwaden fliegen sollen, und in ihrer Komposition auf dem Papier.

Die Aufgabe schult zugleich die Feinmotorik und die präzise Zusammenarbeit der Finger, was von besonderer Bedeutung für *Schulanfänger* ist.

Musik und Bewegung

Tuch- und Klangspiele

Im *Unterrichtsgespräch* werden Erlebnisse und Beobachtungen zum Thema Nebel besprochen:

- *Auswirkungen des Nebels* (z. B.: Man kann sehr schlecht sehen. Scheinwerfer scheinen wie gegen eine Wand. Es ist unheimlich.)
- *Bewegungen des Nebels*

ziehen 

fliegen 

wallen 

– *Aussehen des Nebels*
  Für die Umsetzung in Musik und Bewegung erhält jeder Schüler ein weißes oder graues Chiffontuch.
  Nebelstreif/Nebelschwaden: Die Kinder gehen einzeln umher und bewegen ihre Tücher entsprechend jeweils auf einen leisen Beckenschlag (Cymbeln) hin.
  Dichter Nebel/Nebelwand: Ziemlich dicht beieinander stehend bewegen die Schüler ihre Tücher zu Klängen des Metallophons. Ein Kind tastet sich dazwischen hindurch.

Nebelschwaden

Vor-, Zwischen- und Nachspiel

2. Und gleich einem Nebelfetzen
   irrst du übers weite Land.
   |: Und du wartest auf
   einen ersten Lichtstrahl,
   der das trübe Land erhellt. :|

(Quelle unbekannt, Satz: B. Regitz)

Die Nebelfrau

Text nach Tejo (Walter Scherf)
Melodie: Tejo (Walter Scherf)

2. Das Jahr geht aus, der Regen fällt,
ein andrer Herr regiert die Welt.
Die Luft ist nass und schwer,
das Land ertrinkt im Nebelmeer.

(aus: Der Turm. Bad Godesberg 1962: Voggenreiter Verlag, S. 80a)

Aufführung (möglicher Spielverlauf)

Ein gleichmäßig langsamer und leiser Trommelschlag ertönt, der bis zum Lied durchgehalten wird. Einzeln kommen die Kinder in die Raummitte. Dabei lässt jeder sein Tuch ähnlich einem Nebelstreif auf einen Cymbelschlag hin einmal ziehen.

Anschließend geht jedes Kind an einen vorher bestimmten Platz; so entstehen Gruppen. Zu improvisierten Klängen, z. B. auf dem Metallophon, bewegen die Gruppen ihre Tücher.

Wenn die Flöte ertönt (Melodie des Liedes), sammeln sich die Kinder im Kreis, singen gemeinsam das Lied und bewegen ihre Tücher.

Beim letzten Ton gehen alle in die Hocke und lassen ihre Tücher fallen. (Still zählt jeder für sich dabei bis 20, um die Stimmung wirken zu lassen.)

1.3 Die Natur bereitet sich auf den Winter vor

Bäume und Sträucher im Winter

Im Band „Herbst in der Grundschule" (Prögel Band 160) finden Sie zahlreiche Anregungen zum Themenkreis Bäume und Sträucher. Vielleicht hängen noch aus Naturmaterial geklebte Bäume im Klassenzimmer. Nun ist es Zeit für eine Wiederholung des im Herbst Gelernten und für die Fortführung.

Stundenbild: Wir unterscheiden kahle Bäume nach ihren Schattenbildern
(Sachunterricht 1.–4. Schuljahr)

Ziele: Die Schüler sollen
- durch vergleichendes Betrachten feststellen, dass jede Baumart ein bestimmtes Aussehen hat
- kahlen Bäumen in der Natur Schattenrissbilder zuordnen, ihre Entscheidung begründen und damit charakteristische Merkmale verbalisieren
- erfahren, dass man auf diese Weise eine Baumart bestimmen und im Bestimmungsbuch den Namen herausfinden kann

Ahorn Buche Eiche Linde

(Abb. aus: Winter ABC. München 1987: Domino Verlag)

Blühende Zweige* mitten im *Winter? *(Sachunterricht 2. Schuljahr)*

Eine ausführliche Darstellung dieser Unterrichtseinheit zum Barbaratag am 4. Dezember und die Legende von der heiligen Barbara findet sich in unserem Buch *„Advent und Weihnachten in der Grundschule“* (Prögel Band 154).

Tiere im Winter

Nicht monografisches, lexikalisches Wissen über Tiere, sondern integrative Fragestellungen und Betrachtensweisen, die die Tiere in ihrer Umwelt und auch in der Beziehung zum Menschen sehen, kennzeichnen den Lernbereich Biologie in der Grundschule. Das Problem, wie Tiere die kalte, futterarme Zeit überstehen können, ist ein typisches Beispiel dafür und beschäftigt Kinder stark.

Stundenbild: Das Eichhörnchen – wie es aussieht und wie es lebt
(Sachunterricht/Lesen, 2./3. Schuljahr) mit KV 1

Ziele: Die Schüler sollen
- die arttypischen Merkmale kennen lernen
- durch Betrachten, Aktualisieren von Vorwissen und Informationsentnahme erfahren, wie das Eichhörnchen lebt und sich verhält

- den Gebrauch verschiedener Körperteile und ihre Ausstattung im Zusammenhang sehen und begreifen, wie funktionsgerecht das Eichhörnchen ausgestattet ist

Unterrichtsverlauf
Einstieg
Rätselbild: Ausschnitt aus einem Eichhörnchenbild, auf dem nur ein Teil des Schwanzes zu sehen ist
Lehrererklärung: Ein Rätsel. Manche Rätsel gehen so: Man sieht von einem Gegenstand, einer Pflanze oder einem Tier nur einen ganz kleinen Teil und muss erraten, was es ist.
Der Bildausschnitt wird im Sitzkreis reihum gegeben. Die Kinder raten und flüstern dem Lehrer die Lösung ins Ohr.

Zielangabe
Tafelanschrift: Das Eichhörnchen
(evtl. Wortaufbau und Wortabbau, Aufschreibübung)
Erarbeitung: Manche Körperteile sind für das Eichhörnchen besonders wichtig
- *Freies Erzählen:* Die Kinder berichten von Erlebnissen und Beobachtungen.
- *Objektbetrachtung*
  In Gruppen schauen sich die Kinder ein Stopfpräparat genau an (nicht anfassen!) und erzählen.

Lehrer: Das Eichhörnchen ist ein interessantes Tier, euch sind sicher manche Körperteile besonders aufgefallen.
An die *Tafel* werden Bilder gehängt: Krallen, Schwanz, Zähne (s. S. 23)
Auftrag: Überlege mit deinem Partner, warum dir diese Körperteile besonders aufgefallen sind und warum sie für das Eichhörnchen so wichtig sind.
Partnergespräch oder Klassengespräch und Ergänzung des *Tafelbildes*

Wahrscheinlich werden im Gespräch aus den Erfahrungsberichten der Kinder die Funktion von Krallen und Zähnen geklärt, über die Funktion des Schwanzes sind weniger Vorkenntnisse zu erwarten.

Lehrer: Wozu das Eichhörnchen seinen Schwanz braucht, kannst du selbst nachlesen.

Das Eichhörnchen

Ein Eichhörnchen zu erkennen ist ganz einfach. Es ist ein kleines Tier mit rotem Fell und einem langen, buschigen Schwanz. Es hat kräftige Beine. Die Hinterbeine sind besonders kräftig, die Vorderpfoten sind etwas kürzer. Es hat große Vorderzähne und sieht aus, als ob es allerlei Unfug treiben könnte.

Es gibt wahrscheinlich kein Tier in der Welt, das seinen Schwanz so gut gebrauchen kann wie das Eichhörnchen. Wenn es ganz weit von Baum zu Baum springt, benutzt es ihn als Fallschirm. Es kann sogar steuern damit, wenn es seine Richtung ändern will. Und wenn das Eichhörnchen schwimmen will, kann es seinen Schwanz als Segel benützen. Läuft es einen Ast entlang, so kann es mit dem Schwanz balancieren. Wenn das Eichhörnchen schläft, wickelt es sich in seinen Schwanz wie in eine Wolldecke.

Im Sommer ist sein Fell ganz dünn. Aber im Winter wird das Fell dick und kräftig. Es sieht dann aus, als ob es Socken an den Füßen und Pelzhandschuhe an seinen Pfoten hätte.
Mit den scharfen Krallen können sich die Tiere gut an der Baumrinde festhalten. So können sie ganz schnell hinauf und hinab klettern. Eichhörnchen leben auf Bäumen. Manchmal finden sie eine Höhle in einem alten Baumstamm. Wenn sie keine finden, bauen sie sich selbst eine Wohnung ganz hoch oben im Baum.
Wenn du das nächste Mal im Park oder im Wald bist, sei leise und pass gut auf, vielleicht entdeckst du ein Eichhörnchen.

(Verfasser und Quelle unbekannt)

Textarbeit

1. Wortaufbau und Wortabbau „Eichhörnchen"
2. *Auftrag:* Lies den eingerahmten Textteil und versuche dir zu merken, wozu das Eichhörnchen seinen Schwanz verwendet.
   Leseschwache Kinder bekommen diesen Textteil vom Lehrer vorgelesen.
3. Berichte der Kinder
4. *Auftrag:* Lies bitte noch einmal und unterstreiche die Wörter, die dir genau sagen, wozu das Eichhörnchen den Schwanz verwendet.

Ergänzung des Tafelbildes

Das Eichhörnchen

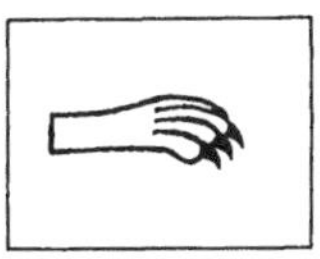	spitze, scharfe Krallen	zum Graben zum Klettern als Waffe
	buschiger Schwanz	zum Balancieren zum Schwimmen zum Zudecken zum Steuern zum Bremsen (Fallschirm!)
	spitze, scharfe Zähne	zum Knacken der Nüsse

Sicherung

Lehrer: Du hast jetzt viel über das Eichhörnchen gelernt. Ich bin gespannt, ob du noch erklären kannst, warum sein Schwanz, seine Krallen und seine Zähne so wichtig sind.

1. Wiederholung des bisher Gelernten
2. Der Lehrer verteilt an die Kinder (je nach Klassenstärke Partner– oder Gruppenarbeit) folgende *Bilder:* Nussknacker, Grabschaufel, Degen, Wolldecke, Segel, Balancierstab, Steuerrad, Fallschirm, Leiter (siehe Arbeitsblatt).

Die Kinder überlegen und verbalisieren, welcher Körperteil des Eichhörnchens in einer entsprechenden Funktion eingesetzt wird.

3. *Arbeitsblatt* (Kopiervorlage KV 1 auf S. 25)

Stundenbild: Wie das Eichhörnchen den Winter übersteht

(Sachunterricht/Lesen 2./3. Schuljahr)

Ziele

Die Schüler sollen

- die erschwerten Lebensbedingungen für das Eichhörnchen im Winter beschreiben
- ihr Vorwissen über die Wintervorbereitungen des Eichhörnchens verbalisieren
- einem Sachtext genaue Informationen über „Vorratswirtschaft“ und Winterruhe des Eichhörnchens entnehmen

Anknüpfung

- Wir wiederholen die für das Eichhörnchen wichtigen Körperteile und deren Funktion.
- Wir lesen den gesamten Text und beantworten noch einmal die Fragen zum Text.

Erarbeitung

- *Impulse* zum Aktivieren des Vorwissens:

Du konntest im Text auch lesen, wie sich das Eichhörnchen im Winter verändert.

Die Kälte ist nicht das einzige Problem für das Eichhörnchen. Sicher weißt du schon viel darüber, wie sich das Eichhörnchen gegen alle diese Schwierigkeiten helfen kann.

Fixierung der Gesprächsergebnisse im *Tafelbild*

- *Auftrag:* Du bekommst einen zweiten *Text,* in dem du noch genauer erfahren kannst, wie das Eichhörnchen über den Winter kommt.

Das Eichhörnchen

KV 1

Das Eichhörnchen ist gut ausgerüstet.

Klebe an die richtige Stelle.

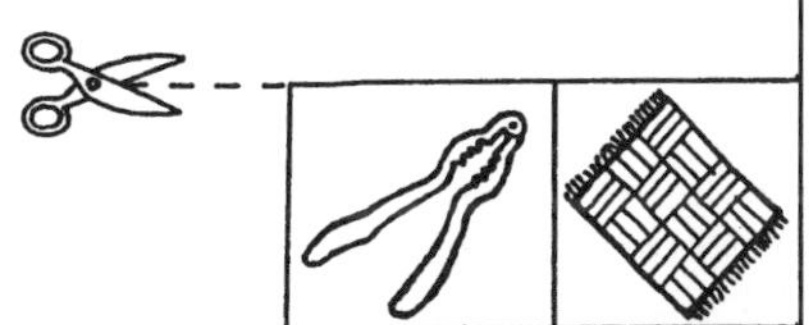

Wie das Eichhörnchen überwintert.

Weder Kälte noch Wind können dem Eichhörnchen im Winter etwas anhaben. Wenn es zu stürmen beginnt und das schlechte Wetter einsetzt, dann eilt das Eichhörnchen flink in sein Nest. Sein Nest ist aus Ästchen und Zweiglein sehr geschickt gebaut. Wie eine Kugel sieht es aus und auf der Seite hat es ein Schlupfloch.
Ein Eichhörnchennest hat auch den Namen „Kobel".
Im Inneren ist der Kobel mit trockener, weicher Spreu aus Moos und Blättern ausgepolstert. Warm und gemütlich ist es darin.
Wenn sich das Eichhörnchen in sein Nest zurückgezogen hat, verstopft es auch noch das Schlupfloch, damit der kalte Wind nicht hineinblasen kann. Dann rollt es sich zu einem Knäuel zusammen, deckt sich mit seinem buschigen Schwanz zu und schläft. Das Eichhörnchen schläft aber nicht den ganzen Winter. Manchmal wacht es vor Hunger auf. Besonders gern verlässt es sein Nest an Tagen, an denen die Wintersonne scheint. Wenn Schnee und Eis nicht alles zugedeckt haben, findet es noch Futter. Es sucht aber auch nach seinen Verstecken, in denen es im Herbst Eicheln, Nüsse und Bucheckern aufbewahrt hat. Wenn es satt ist, kehrt es in sein Nest zurück und schläft weiter.

(nach: Deutsches Lesebuch 2. Schuljahr. Frankfurt 1974, Seite 32. Unbekannter Verfasser)

Auswertung

Lehrer: Du konntest im Text viel Neues über das Eichhörnchen erfahren.
Die Schüler berichten, suchen die betreffenden Textstellen und lesen vor.
Ergänzung des *Tafelbildes*

Das Eichhörnchen im Winter

Im Herbst wird sein Fell länger und dicker.
Es sammelt Vorräte für den Winter. Das Eichhörnchen vergräbt die Vorräte.
Als Unterschlupf dient sein Nest, der Kobel.
Der Kobel ist warm ausgepolstert.
Das Eichhörnchen ist ein Winterruher.
Ein Winterruher schläft nicht immer,
steht manchmal auf,
frisst auch im Winter.

Festigung

Eintrag der Tafelanschrift in das Sachheft

Anschlussmöglichkeiten

1. Rechtschreiben

Rechtschriftlicher Arbeitstext zur Erarbeitung des Grundwortschatzes (2. Schuljahr):

Am Abend ist „ ...... " besonders wild.
Er klettert schnell auf einen Baum
und springt von Ast zu Ast.

Mit einem Satz ist er schon auf dem nächsten Baum.
So geht das weiter – hinauf und herunter.
Am Ende fliegt er weit durch die Luft.

Hinweis: Das schwierige Wort „Eichhörnchen" sollte durch einen einfachen Eigennamen, den die Kinder selbst vorschlagen, ersetzt werden.

2. Mündlicher und schriftlicher Sprachgebrauch: Wir erzählen zu Bildern (2. Schuljahr)

Ziele
- Formulieren einfacher Sätze zum Bild
- Verbinden der Sätze zu einer Geschichte
- Erkennen bzw. Herstellen der Reihenfolge
- Suchen von wechselnden Satzanfängen
- Anwenden von Regeln aus dem Bereich des Rechtschreibens und der Sprachbetrachtung

Wir beobachten das Eichhörnchen

(Bilder aus: Unsere Sprachwelt 2. Jahrgangsstufe. Hannover 1982, S. 68)

Schreibe mithilfe der Stichpunkte einen **Sachtext,** wie das Eichhörnchen den Winter überlebt. Beachte die **Gliederung:**

Ⓐ Vorräte für den Winter
Ⓑ Winterfell
Ⓒ Winterruhe
Ⓓ Nahrungssuche im Winter

Stichpunkte:

Hunger, aufwachen, versteckte Eicheln, suchen, fressen, weiterschlafen, zurück in den Kobel ○

---

alle Haare länger und dichter als im Sommer, viele Wollhaare ○

Früchte sammeln, verstecken, Loch in den Waldboden scharren ○

---

buschiger Schwanz als Decke, Kobel aus Reisig, Moos und dürren Halmen, zusammengerollt ○

Ein Sachtext beschreibt genau und folgerichtig. Deine Gefühle gehören nicht hinein (z. B. Immer wenn ich ein Eichhörnchen sehe, schlägt mein Herz höher.).

Verwende verschiedene Satzanfänge und Bindewörter, aber natürlich auch treffende Zeitwörter.

(nach: Heimat- und Sachkunde 4, Wolf-Arbeitsblätter. Regensburg, S. 32)

Stundenbild: Warum verhungert der Igel nicht während seines langen Winterschlafes? *(Sachunterricht 3./4. Schuljahr)*

Ziele

- Aus der körperlichen Ausstattung des Igels (kein Fell) und seiner Nahrung (Kleintiere, Obst) auf Überlebensprobleme im Winter schließen
- Vorwissen über die herbstliche Vorbereitung und den Winterschlaf des Igels verbalisieren
- Vorwissen anhand von Informationstexten überprüfen und präzisieren

- über den „Normalschlaf" nachdenken und das Problem erfassen, dass Schlafen die o. g. Überlebensschwierigkeiten nicht lösen kann
- das Phänomen Winterschlaf vorläufig in Form von Anforderungen beschreiben
- aus Informationsdarbietungen (Film, Text) entnehmen, worin die Besonderheiten des Winterschlafs beim Igel bestehen
- das neu gewonnene Wissen auf konkrete Situationen als Problemlösung und Erklärung anwenden

Unterrichtsverlauf
Hinführung
Stopfpräparat eines Igels betrachten; spontane Aussprache; kurze Erzählungen von Begegnungen und Erlebnissen ...

Erarbeitung
● *Aktualisieren von Vorwissen*
Arbeitsteilige *Gruppenarbeit zu* den Themen
- Wie sieht der Igel aus?
- Wo lebt der Igel?
- Was frisst der Igel?

Arbeitsauftrag: Jede Gruppe erstellt ein (kleines) *Plakat,* malt, schreibt und klebt Bilder auf, um die jeweilige Frage zu beantworten. Wenn Unsicherheiten auftreten: Schülerarbeitsbuch, Tiersachbücher, Kinderlexika ... zu Rate ziehen.
Ergebnisfixierung an der *Tafel (Tafelbild* (1)*, s. S. 32)*
● *Problemgewinnung I: Wie überlebt der Igel den Winter?*
Mit weißer Kreide werden an die Tafel und auch auf die Plakate weiße Schneesterne gemalt.
Die Schüler schildern die Situation im Winter: Der Igel findet keine Nahrung (Nahrungsplakat mit weißem Papier abdecken), seine Verstecke (Hecken, Gebüsche ...) sind nicht mehr dicht (abdecken), er friert (evtl. zum Vergleich ein Bild von einem Hasen mit dichtem Fell oder einem Vogel im aufgeplusterten Federkleid).
Problemfixierung an der Tafel: Wie überlebt der Igel den Winter?

● *Verbalisieren des Vorwissens*
Die Schüler beantworten die Frage mit „Winterschlaf", „Winterspeck", „Winterlager". Dabei entsteht die *Tafelanschrift* (2).
Arbeitsteilige Gruppenarbeit zu den drei Stichworten.
Aufträge: Lest nach, ob es richtig ist, was ihr behauptet. Jede Gruppe kann dann für ihr Stichwort noch wichtige Informationen ergänzen! Dazu hilft euch das Arbeitsmaterial.

Text

Lange bevor es kalt wird, bereitet sich der Igel auf den Winter vor. Im Spätsommer und Herbst frisst er, so viel er nur kann, selbst wenn er keinen Hunger mehr hat. So setzt er ganz schön Fett an und sein Gewicht nimmt deutlich zu. Aber er frisst nicht nur, er arbeitet auch. Er sucht unter Steinen, Holzstößen oder Baumwurzeln einen geeigneten Unterschlupf. Manchmal gräbt er sich noch tiefer in den Boden ein. Er schleppt Moos, Gras, Blätter und sogar Vogelfedern heran, um seinen Lagerplatz warm und weich auszupolstern. Wenn es dann im November richtig kalt wird, rollt er sich in seinem Nest zusammen und schläft den ganzen Winter lang. Erst fünf Monate später, wenn die Frühlingssonne scheint, wacht er auf und kommt aus seiner Höhle: mager und hungrig.

Arbeitsmaterial
Gruppe 1: kleines Plakat, Kleber, Naturmaterialien, Tonpapier zum Ausschneiden (Steine oder Baumwurzel ...) → Winterlager darstellen!
Gruppe 2: Textstreifen mit Monatseinteilung April bis März. Gewichtsangaben für einen Igel → Zuordnen, Winterspeck erklären!
Gruppe 3: Skizze für eine Tabelle, die ergänzt und an die Tafel gezeichnet und geschrieben werden soll → Dauer des Winterschlafs zuordnen.

Gruppenberichte und Ergänzen der Tafelanschrift (3)
- *Problemgewinnung II: Winterschlaf – was ist das eigentlich?*

Informationen und Denkanstöße zur Problematisierung durch den *Lehrer:* So ein langer Schlaf? Wacht der Igel nicht ganz automatisch auf, wenn er nicht mehr müde ist? Wenn ein paar Stunden vorbei sind, genau wie im Sommer? Geräusche? Wenn er „mal muss“? – Für Monate auf Vorrat fressen? Das geht doch gar nicht? Das reicht doch nie? – Kommt die Kälte nicht doch in den Unterschlupf? Wacht er nicht vor Kälte auf?
Vergleich mit dem eigenen Schlaf ...
Gesprächsergebnis: Ein „normaler“ Schlaf kann das nicht sein. „Normal“ kann er gar nicht anders schlafen als im Sommer; bei einem „normalen Schlaf“ spürt er die Kälte, bekommt er viel schneller Hunger, muss er sich auch entleeren ...
Problemfixierung: Winterschlaf – was ist das eigentlich?

- *Antizipation durch Reflexion von Bedingungen*

Lehrer: Ihr habt schon gut überlegt, warum der Winterschlaf des Igels kein „normaler Schlaf“ sein kann. Aber – was dann? Was für ein Schlaf müsste das sein?
Tafelanschrift: Der Winterschlaf muss ein Schlaf sein ...
Schüler: Ein Schlaf,
in dem der Igel nicht die Kälte spürt.
in dem er keine Nahrung aufnehmen und auch nichts ausscheiden muss.

in dem er seinen Fettvorrat ganz langsam verbraucht.
in dem er nichts hört (wahrnimmt).
in dem er ganz tief und lange „weg ist“...
Tafelanschrift jeweils durch den entsprechenden Satzstreifen erweitern (4)

● *Gezielte Informationsentnahme*
Lehrer: Wie ein solcher Winterschlaf zustande kommt, das könnt ihr herausfinden. Jede Gruppe bekomrnt einen „Tipp“, worauf ihr zunächst im Film und später im Lesetext besonders achten sollt!

Hinweise für die arbeitsteilige Gruppenarbeit:
1. Gruppe: Beachtet die Angaben über die Körpertemperatur des Igels. Wenn es in einer Sommernacht sehr kühl wird (z. B. 10°), dann friert der Igel. Im Winter empfindet er 3° als ganz normal.
2. Gruppe: Der Körper verbraucht Nährstoffe, weil er arbeitet: das Herz schlägt, die Lunge atmet. Wenn der Körper viel arbeitet, verbraucht er auch mehr Nährstoffe.
3. Gruppe: Im normalen Schlaf arbeiten der Körper, das Herz, das Gehirn ganz normal weiter. Nach einigen Stunden oder wenn es Störungen gibt, weckt das Gehirn den Körper. Und beim Winterschlaf?

Filmausschnitt „ Der Igel“ (FWU)

Text:

Das haben Tierforscher herausgefunden: Wenn der Igel Winterschlaf hält, verändert sich vieles in seinem Körper. Normalerweise hat er eine Körpertemperatur von etwa 37°, genau wie ein Mensch. Im Winterschlaf ist sein Körper nur 3° warm! Im Sommer schlägt das Igelherz etwa 180-mal in einer Minute. Im Winterschlaf schlägt es in der gleichen Zeit nur 20-mal! Wenn der Igel wach ist, holt er 60-mal in einer Minute Luft. Im Winterschlaf atmet er in einer Minute nur 8-mal.

● *Ergebnisformulierung*
Gruppe 1: Die Körpertemperatur ist beim Winterschlaf so niedrig, dass es (im ausgepolsterten Nest) fast keinen Unterschied zur Außentemperatur gibt. Darum „friert“ der Igel nicht.
Gruppe 2: Während des Winterschlafs arbeitet der Körper (Herz, Lunge ...) ganz wenig, verbraucht ganz wenig Energie und braucht deshalb auch ganz wenig Nährstoffe. Das Vorratsfett im Körper reicht.
Gruppe 3: Der ganze Körper arbeitet sehr wenig, auch das Gehirn. Es reagiert kaum auf Außenreize. Der normale Schlaf-Wach-Rhythmus ist „umgeschaltet“ auf „langer Winterschlaf“.
Evtl. *Zusatzinformation durch den Lehrer* in kindgemäßen Worten: Die Instinktsteuerung und ein besonderer Hormonausstoß lösen den Winterschlaf aus.

Ergebnisfixierung: Tafelanschrift (5)

Tafelbild

Seitentafeln

① Das wissen wir:

So sieht der Igel aus:

(Schneesterne später aufzeichnen, dann Plakat 2 und 3 abdecken)

④ Der **Winterschlaf** muss ein Schlaf sein,

in dem der Igel die Kälte nicht spürt.

⑤ → weil seine eigene Körpertemperatur sehr niedrig wird.

④ in dem er seinen Fettvorrat ganz langsam verbraucht und keine neue Nahrung aufnimmt.

⑤ → weil der Körper ganz wenig arbeitet (wenige Herzschläge, wenige Atemzüge…), verbraucht er ganz wenig Nahrung.

④ in dem er ganz tief und fest schläft, sich nicht stören lässt.

⑤ → weil auch das Gehirn weniger arbeitet, merkt der Igel nicht, was um ihn vorgeht.

Mitteltafel

② Aber: **Wie überlebt der Igel den Winter?**

② → Er baut sich ein **warmes Winterlager:**

③

② → Er frisst sich einen **dicken Winterspeck** an:

③ Das wiegt der Igel im:

April	Mai	Juni	Juli	Aug.	Sept.	Okt.	Nov.	Dez.	Jan.	Feb.	März
450g	500g	500g	500g	550g	600g	650g	700g	650g	600g	550g	500g

② → Er hält **Winterschlaf.**

③ **Dauer: 5–6 Monate**
von: November
bis: April

Winterschlaf ? Was ist das eigentlich?

Anwendung

Der Lehrer stellt nacheinander *Situationen* vor:

1. Sonntagsausflug. Beim Herumtoben finden Marco und Ute unter einem Reisighaufen einen Igel. Marco stupst ihn an. Er bewegt sich nicht. „Ach, der ist bestimmt tot!", sagt Ute.
2. Beate und Andreas haben im Herbst einen Igel gefunden und ins Haus geholt. Am Anfang fanden sie ihn recht putzig, jetzt sind einige Wochen vergangen und er ist ihnen langweilig geworden. „Lassen wir ihn doch wieder frei", sagen sie, „dann kann er irgendwo seinen Winterschlaf machen!"

Die Schüler sollen zu den Fallbeispielen Stellung nehmen.

Ergebnisse

1. Der Igel ist nicht tot, sondern ... Wecken ist lebensgefährlich für ihn! Nicht stören! Wieder möglichst gut zudecken!
2. Igel sind keine Haustiere! Man sollte sie nicht einfangen und in ihrem normalen Lebensrhythmus stören! Aber: Dieser Igel konnte sich nicht vorbereiten: Er konnte kein Nest bauen, sich nicht genug Winterspeck anfressen, nicht rechtzeitig mit dem Winterschlaf beginnen. Ihn jetzt auszusetzen, ist lebensgefährlich für ihn!

Anschlussmöglichkeiten

1. Weiterführende Informationsentnahme aus einem Sachtext

Der Winter ist für die meisten Wildtiere eine schlimme Jahreszeit. Ihr Tisch ist nicht mehr gut gedeckt; außerdem drohen sie in der Kälte zu erfrieren. Aber die Natur hat für das Überleben der Tiere auf sehr vielfältige Weise gesorgt. Manche Tiere, z. B. die Zugvögel, fliehen aus Instinkt vor dieser Jahreszeit in wärmere Gebiete. Manchen Tieren, wie den Hasen oder den Rehen, wächst ein dickes Winterfell, das sie vor der Kälte schützt. Aber es gibt auch Tiere, die ihre Lebensweise ändern: Da gibt es Tiere, die beinahe aufhören richtig zu leben. Es sind die echten Winterschläfer wie der Igel, das Murmeltier, die Haselmaus, der Siebenschläfer oder die Fledermaus. Einige Tiere schlafen im Winter nicht so tief und fest. Sie wachen manchmal auf und suchen sich etwas zum Fressen. Das Eichhörnchen, der Hamster, auch Dachs und Braunbär halten nur Winterruhe. Auf merkwürdige Weise überstehen Eidechsen, Frösche und Schlangen den Winter. Auch sie verkriechen sich in ein geschütztes Versteck. Wenn es kalt wird, wird auch ihr Körper kalt und ganz steif. Sie fallen in Winterstarre und können sich erst wieder bewegen, wenn es im Frühling warm wird.
Stell dir vor: In sehr heißen Ländern gibt es so etwas auch umgekehrt: Bei langer Hitze und Trockenheit verkriechen sich dort die Schlangen und sogar die Krokodile in den feuchten Schlamm und halten „Sommerschlaf".

Arbeitsaufträge

- *Tabellen und Plakate* anlegen für die verschiedenen Überwinterungsweisen; Tiernamen aus dem Text und Tierbilder aus Zeitschriften zuordnen
- *Tierquartett:* Je vier Winterschläfer, Winterruher und Tiere in Winterstarre auf Blankoquartettkarten darstellen und beschriften. Das Quartett mit anderen Tierthemen weiterführen.

2. Kunsterziehung: Pappkantendruck Igel

Bildnerische Probleme: Stachelrichtung beim Drucken beachten; Farbgebung durch optische Mischung (ein Teil der Stacheln braun, ein Teil schwarz, ein Teil rot …)

Stundenbild: Frederick

(Fächerübergreifendes Unterrichtsmodell 2.–4. Schuljahr) mit KV 2

Frederick

Rund um die Wiese herum, wo Kühe und Pferde grasten, stand eine alte, alte Steinmauer. In dieser Mauer – nahe bei Scheuer und Kornspeicher – wohnte eine Familie schwatzhafter Feldmäuse.

Aber die Bauern waren weggezogen, Scheuer und Kornspeicher standen leer. Und weil es bald Winter wurde, begannen die kleinen Feldmäuse, Körner, Nüsse, Weizen und Stroh zu sammeln. Alle Mäuse arbeiteten Tag und Nacht. Alle – bis auf Frederick.

„Frederick, warum arbeitest du nicht?“, fragten sie.

„Ich arbeite doch“, sagte Frederick, „ich sammle Sonnenstrahlen für die kalten, dunklen Wintertage.“

Und als sie Frederick so dasitzen sahen, wie er auf die Wiese starrte, sagten sie: „Und nun, Frederick, was machst du jetzt?“

„Ich sammle Farben!“, sagte er nur, „denn der Winter ist grau.“

Und einmal sah es so aus, als sei Frederick halb eingeschlafen.

„Träumst du, Frederick?“, fragten sie vorwurfsvoll.

„Aber nein“, sagte er, „ich sammle Wörter. Es gibt viele lange Wintertage – und dann wissen wir nicht mehr, worüber wir sprechen sollen.“

Als nun der Winter kam und der erste Schnee fiel, zogen sich die fünf kleinen Feldmäuse in ihr Versteck zwischen den Steinen zurück. In der ersten Zeit gab es noch viel zu essen und die Mäuse erzählten sich Geschichten über singende Füchse und tanzende Katzen. Da war die Mäusefamilie ganz glücklich! Aber nach und nach waren fast alle Nüsse und Beeren aufgeknabbert, das Stroh war alle und an Körner konnten sie sich kaum noch erinnern. Es war auf einmal sehr kalt zwischen den Steinen der alten Mauer und keiner wollte mehr sprechen. Da fiel ihnen plötzlich ein, wie Frederick von Sonnenstrahlen, Farben und Wörtern gesprochen hatte.

„Frederick!“, riefen sie, „was machen deine Vorräte?“

„Macht die Augen zu“, sagte Frederick und kletterte auf einen großen Stein. „Jetzt schicke ich euch die Sonnenstrahlen. Fühlt ihr schon, wie warm sie sind? Warm, schön und golden?“ Und während Frederick so von der Sonne erzählte, wurde den vier kleinen Mäusen schon viel wärmer. Ob das Fredericks Stimme gemacht hatte? Oder war es ein Zauber?

„Und was ist mit den Farben, Frederick?“, fragten sie aufgeregt.

„Macht wieder eure Augen zu“, sagte Frederick. Und als er von blauen Kornblumen und roten Mohnblumen im gelben Kornfeld und von grünen Blättern am Beerenbusch erzählte, da sahen sie die Farben so klar und deutlich vor sich, als wären sie aufgemalt in ihren kleinen Mäuseköpfen.

„Und die Wörter, Frederick?“

Frederick räusperte sich, wartete einen Augenblick, und dann sprach er wie von einer Bühne herab:

> „Wer streut die Schneeflocken? Wer schmilzt das Eis?
> Wer macht lautes Wetter? Wer macht es leis?
> Wer bringt den Glücksklee im Juni heran?
> Wer verdunkelt den Tag? Wer zündet die Mondlampe an?
> Vier kleine Feldmäuse wie du und ich
> wohnen im Himmel und denken an dich.
>
> Die Erste ist die Frühlingsmaus, die lässt den Regen lachen.
> Als Maler hat die Sommermaus die Blumen bunt zu machen.
> Die Herbstmaus schickt mit Nuss und Weizen schöne Grüße.
> Pantoffeln braucht die Wintermaus für ihre kalten Füße.
> Frühling, Sommer, Herbst und Winter sind vier Jahreszeiten.
> Keine weniger und keine mehr. Vier verschiedene Fröhlichkeiten."

Als Frederick aufgehört hatte, klatschten alle und riefen:
„Frederick, du bist ja ein Dichter!"
Frederick wurde rot, verbeugte sich und sagte bescheiden:
„Ich weiß es – ihr lieben Mäusegesichter!"

Leo Lionni

(aus: Leo Lionni, Frederick. Köln 1984)

Unterrichtsverlauf
Hinführung durch ein Tafelbild:

Frederick

Die Schüler äußern sich: Das ist eine Mäusefamilie. Eine Maus heißt Frederick. usw.

Zielangabe
Lehrer: Ich habe dir heute eine Geschichte mitgebracht, die von einer Mäusefamilie erzählt. Sie bereitet sich gerade auf den Winter vor. Die Schüler vermuten (Antizipation).
Lehrer: Höre nun, wie sich die Mäuse auf den Winter vorbereiten. (liest bis *Zeile 17* vor)

Arbeit am Text
Schüler und Lehrer wiederholen den Text, nehmen Kärtchen und ordnen sie an der *Tafel zu.*

Die Feldmäuse bereiten sich auf den Winter vor.

sammeln	sammelt
– Körner	– Sonnenstrahlen
– Nüsse	– Farben
– Weizen	– Wörter
– Stroh	

Provokation durch den Lehrer: Frederick ist geschickt.
Mögliche *Schüleräußerungen:* Frederick ist faul. Er hat Ausreden. Er lebt auf Kosten der anderen usw.

Stilles und Textstellen belegendes Lesen
Lehrer: Der Winter kommt mit Schnee und Kälte. Die Mäuse leben in ihrem Versteck zwischen den Steinen. Lies, wie es ihnen in dieser Zeit ergeht.
Die Schüler lesen ab Zeile 18.
Lehrer: Frederick hat eine Zeitlang von den Vorräten der anderen gelebt. Als alles Futter aufgebraucht ist, muss er an seine Vorratskiste gehen.
Die Schüler wiederholen: Sonnenstrahlen, Farben, Wörter
Lehrer: Bearbeite nun mit deinem Partner das Arbeitsblatt. (KV 2, Quelle unbekannt)
Lehrer und Schüler werten anschließend das Arbeitsblatt aus.

Herausarbeiten des Gehalts
Lehrer: Frederick hat es geschafft, dass die Mäuse wieder froh wurden.
(Evtl. Hilfsimpuls: Lies die letzten beiden Zeilen des Gedichts.)
Schüler: Jede Jahreszeit hat etwas für sich.
Lehrer: Die Geschichte ist eine *Fabel.*
Schüler: Hier sprechen, handeln und denken Tiere wie Menschen.
Lehrer: Eine Fabel will uns immer einen Rat geben. Ich habe dir auf die Folie einige Sprichwörter, Sätze und Gedanken aufgeschrieben. In deiner Gruppe sollst du nun einen passenden Satz herausfinden und deine Wahl anschließend vor der Klasse begründen.

Folie

Jedes Ding hat zwei Seiten.
Morgenstund hat Gold im Mund.
Leib und Seele gehören zusammen.
Jedem Menschen recht getan, ist eine Kunst die niemand kann.
Jeder wird gebraucht, denn jeder kann uns etwas geben.

Frederick	DEU	KV 2

Frederick

① **Frederick erzählt von den Sonnenstrahlen**

- ☐ Er erzählt, wie warm, schön und golden sie sind.
- ☐ Er erzählt davon, wie sie die Wiese verbrennen.
- ☐ Er erzählt, dass die Sonne lacht.

② **Frederick erzählt von den Farben.**

- ☐ Er erzählt vom blauen Meer.
- ☐ Er erzählt von blauen Kornblumen und grünen Blättern.
- ☐ Er erzählt von roten Mohnblumen im gelben Kornfeld.

③ **Frederick spricht ein Gedicht** über vier kleine Feldmäuse.

Wie nennt er diese Mäuse?

_______________ _______________

_______________ _______________

Wie reagieren die vier Mäuse?

- ☐ Sie denken: „So ein Blödsinn!"
- → ☐ Ihnen wird warm.
- ☐ Sie klappern mit den Zähnen.

- ☐ Sie sehen die Farben vor sich.
- → ☐ Sie weinen.
- ☐ „Der spinnt mal wieder!", denken sie.

- → ☐ Sie klatschen in die Hand.
- ☐ Sie halten ihn für einen Dichter.
- ☐ Sie sind traurig.

Musik: Umsetzen des Textes in Klänge

Voraussetzung ist, dass Schüler den Umgang mit Instrumenten und Möglichkeiten des Erzeugens von Geräuschen mit Materialien und Stimme erprobt haben. Dabei sollten Schüler verbalisieren, welche Assoziationen sie mit einem Geräusch verbinden. Diese Assoziationen können sehr unterschiedlich sein.
Für den reibungslosen Ablauf einer Verklanglichung sorgt eine *Partitur,* mit deren Zeichen die Schüler vertraut sein sollten. Ebenso sollten sie gewohnt sein auf die Zeichen des *„Dirigenten" zu* achten.
Um den Schülern ein rasches Erfolgserlebnis zu ermöglichen, bedarf es von Seiten des Lehrers klarer Angaben. Schülervorschläge werden natürlich berücksichtigt.
Hier wird der Text – ähnlich dem Bilderbuch – *in elf Abschnitte gegliedert.* Die Bilder motivieren, dienen der Übersicht und helfen bei der Partiturerstellung und bei der Aufführung, die sich vielleicht anschließt.
Im *arbeitsteiligen Gruppenunterricht* finden die Schüler zu den jeweiligen Textstellen Geräusche und Klänge. Bekannte Lieder werden mit einbezogen. Die im Klassenverband besprochenen Vorschläge werden als Partitur notiert. So können Lösungen überarbeitet und eingeübt werden.
Während der Text vorgelesen wird, wird die Partitur mitgezeigt. Die Umsetzung des Textes in Musik erfolgt in der Reihenfolge, wie sie in der Partitur vermerkt ist. Es ist darauf zu achten, dass der Erzähler bei auftretender Musik pausiert oder dass die Musik leise in den Hintergrund tritt.
Monologe bzw. Dialoge werden nicht vom Erzähler unterbrochen (z.B. Zeile 9: „Ich arbeite doch. Ich sammle Sonnenstrahlen …").
Als Krönung bietet sich eine Aufführung in Form eines darstellenden Spieles an. Dabei werden Sprache, Musik und visuelle Eindrücke koordiniert.

Partitur

 3 x, piepsen, quietschen
Sprecher: Die Geschichte von Frederick
Zeilen 1–3

muhhh, muhhh
wiehern
piepsen, quietschen
tuscheln: „Du hör mal…"
„Stell dir vor…"
, über  kratzen

Zeilen 4–7

 \\

mit Papier (in verschiedenen Stärken) rascheln
und mit Joghurtbechern klappern

Zeilen 8–10

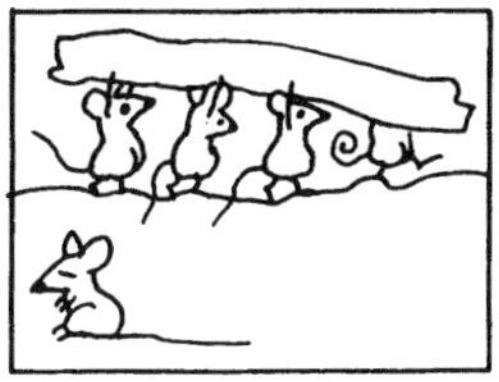

GL ↗
MET ↗
△

Zeilen 11–13

GL ↗ ↘
frei erfundene Melodie auf die
Wörter *rot, grün, gelb, blau*

Zeilen 14–17

Stichwort „… *Wörter“:*
Mit erhobener und theatralischer Stimme
Reimwörter auflisten, z. B.:
Eis – leis
ich – dich
lachen – machen
Grüße – Füße
Stroh – froh
Anschließend kichern

Zeilen 18–22

Stichwort „… *glücklich!“*
z. B. Singen des Refrains vom Lied
„Und jetzt gang i an Peters Brünnele“
(aus: Die Mundorgel. Fidula Verlag: Boppard 1968)
Holleradiria … mit Klanggesten pa, kla, schna
und mit Gitarre begleiten
Mehrmals hintereinander singen, dabei leiser
und langsamer werden

Zeilen 22–25

Stichwort „... *sprechen*"
Zähne klappern
gurgeln
leise Windgeräusche mit Stimmen ausführen:
– sss
– sch
– pfeifen

Zeilen 25–32

Stichwort „... *Sonnenstrahlen*":
GL ↗
MET ↗
△
z. B. 3. Strophe des Liedes „Singt ein Vogel"
(Scheint die Sonne ...)
(aus K. Patho, R. Schumann: Musik 1./2. Regensburg 1983, Seite 58)

Zeilen 33–37

Stichwort *„Mäuseköpfen"*
GL ↗ ↘
frei erfundene Melodie auf die Wörter
rot, grün, gelb, blau

Zeilen 38–40

räuspern
Frühlingsmaus: mit Wasser panschen und dabei fröhlich pitsch, patsch o. Ä. rufen
Sommermaus: Kanon „Lachend, lachend ..."
(aus K. Patho/R. Schumann: Musik 3./4. Regensburg 1984, S. 58)

Herbstmaus:

mit Papier und Joghurtbechern rascheln

Wintermaus:

 mit Fingern einzeln antupfen

△

Stichwort „... *Fröhlichkeiten“:*
z. B. Lied „Die vier Jahreszeiten“
(1. und 2. Strophe)
(aus: Wir kleinen Sänger. Bayerischer Schulbuchverlag: München 1957, S. 106)

Zeilen 41–44

Stichwort „... *Dichter!“*
klatschen, Bravorufe, trampeln
ausklingen lassen

Schlusslied: Frei erfundene Melodie auf den Satz *„Lebe glücklich, lebe froh, wie die Maus im Haferstroh!“*
piepsen – langsam ausklingen lassen

Vögel im Winter

Traditionelle Lerninhalte „Wir füttern hungrige Vögel im Winter“ und „Wir unterscheiden Zugvögel und Standvögel“ werden nach neuesten ökologischen Erkenntnissen in Frage gestellt.
Nach wie vor sind jedoch etwa 50 % der rund 9000 Vogelarten unserer Erde Zugvögel, nach wie vor verlassen uns im Herbst viele Vogelarten wegen der Anpassung an ökologische Gegebenheiten. Dennoch haben die veränderten Lebensbedingungen (Erwärmung der Städte, Klimaschwankungen) bewirkt, dass viele Vögel auch den Winter bei uns verbringen.
Die Winterfütterung der Vögel geschah lange Zeit unter dem Aspekt der Tierliebe. Gerade diese Begründung gilt mittlerweile als überholt, da
- ans Futterhaus lediglich die gut angepassten Vögel kommen;
- eine natürliche Winterauslese verhindert und damit in den biologischen Kreislauf eingegriffen wird;
- deshalb eine einseitige Zunahme weniger Vogelarten gefördert wird;
- die vom Aussterben bedrohten Vogelarten keinerlei Schutz durch die Winterfütterung erhalten.

Das Thema „Winterfütterung“ hat trotzdem als schulischer Lerninhalt weiterhin Berechtigung, da auf diesem Wege Naturinteresse geweckt, die Begegnung mit der Natur gefördert und Fähigkeiten zur Naturbeobachtung entwickelt werden können. Schließlich: Wenn füttern, dann richtig füttern!

Stundenbild: Vögel auf der Reise *(Lesen 2./3. Schuljahr)*

Ziele

- Aus einem Text selbstständig Information entnehmen und etwas über das Zugverhalten der Vögel erfahren

- weitere Informationsmöglichkeiten suchen
- Steigern der Lesefertigkeit (Lesetempo und Lesegenauigkeit)

Die Vögel sammeln sich

Es wird Herbst. Das zeigt sich am Verhalten der Vögel auf der Wiese. Obwohl es erst Anfang August ist, haben die Vögel schon angefangen sich zu Schwärmen zu sammeln. Und die Schwärme werden jeden Tag größer.

Jetzt ist auch der Kiebitz mit seinen erwachsenen Jungen auf die Wiese zurückgekehrt. Und sobald sich einige Kiebitze beim Flachwasser versammelt haben, kommen schnell immer mehr dazu. Andere Kiebitze in der Nähe hören die Rufe von der Wiese und sie ändern sofort ihre Flugrichtung und landen kurz darauf auf der Wiese. Der Schwarm wächst immer weiter. Wenige Tage später zählt man zweihundert Kiebitze auf der Wiese. Und dann sind sie eines Tages verschwunden. Sie sind auf Wanderschaft nach Süden gegangen.

Auch einen Schwarm Wildenten kann man jeden Tag auf der Wiese beobachten. Sie kommen spät nachmittags an und sammeln sich in der Nähe des seichten Wassers. Dort bleiben sie ein paar Stunden lang und suchen nach Nahrung. Bei Sonnenuntergang fliegt der ganze Schwarm wieder davon. Vermutlich sind es die jungen Enten, die im Frühsommer hier auf der Wiese geboren wurden.

Jetzt sind sie erwachsen. Wildenten haben eine enge Bindung an den Ort ihrer Geburt und bleiben normalerweise in einem Umkreis von wenigen Kilometern. Wenn der Winter sehr streng ist, fliegen sie allerdings manchmal weiter nach Süden.

Elvig Hansen

(aus: Sprache lebt – Lesebuch 2. München 1989, S. 136)

Unterrichtsverlauf
Textbegegnung: Stilles Erlesen
Textreflexion
- Die Geschichte erzählt von Tieren, vom Kiebitz und von der Wildente.
- Wichtig ist die Jahreszeit: Der Herbst kommt, es ist Ende August.

Erarbeitung des Fachwissens
- Wer kennt den Kiebitz (die Wildente)?
- Wie können wir erfahren, wie er (sie) aussieht? Wir suchen in Kinderlexika und in Vogelbüchern nach dem Kiebitz (der Wildente).
- Wir schreiben ab und schreiben auf, was wir über diese Vögel erfahren konnten und versuchen, sie abzumalen.

(Sachtext z. B. in: Der große BLV Naturführer. München 1982, S. 109. Evtl. arbeitsteilige Gruppenarbeit)

Fortsetzung der Textarbeit

1. Übungen zur Schulung der Lesefertigkeit

- Blickspannübungen
- Übungen zur Erweiterung des Lesefeldes
- Übungen zur Schulung der Lesegenauigkeit
- Übungen zum überblickenden Lesen (Stichwörter suchen)

2. Wortklärungen: Schwärme, Flachwasser, Wanderschaft, seicht

3. Fragen zum Textverständnis

- Wohin kehrt der Kiebitz mit seinen erwachsenen Jungen zurück?
- Woher kommen die vielen anderen Kiebitze?
- Wie viele sind es nach einigen Tagen?
- Wohin sind sie dann verschwunden?
- Wir suchen auf der Landkarte, wohin der Kiebitz fliegt.

Anschlussmöglichkeiten

Kunsterziehung

1. Wir erstellen Wortbilder (Piktogramme)

Ziele

- Sprache als Spielmaterial, hier grafisches Material, begreifen und sehen, dass man mit Wörtern oder Buchstaben grafisch gestalten kann
- selbst Gestaltungselemente finden und produzieren

Beispiel: Vogelzug

2. Wir stempeln Zugvogelbilder

Bildnerische Themen: – Zugvögel auf der Telegrafenleitung
– Zugvögel auf dem Weg nach Süden

Bildnerische Technik: Kartoffelstempeldruck

Bildnerisches Problem: Streuen und Verdichten

Sage, mein Vöglein, sage mir,
warum fliegst du fort von hier?

aus dem Baskenland
Übertragung: K. Brüggemann

2. Wohin, mein Vöglein, willst du ziehn,
willst du vor dem Winter fliehn?
Über die Berge, über das Meer,
reis ich der Sonne hinterher.
Dorthin, mein Kind, will ich nun ziehn,
will ich vor dem Winter fliehn.

3. Vöglein, leb wohl, ich wünsch dir Glück!
Wann, ach wann kehrst du zurück?
Wird auf den Wiesen das Gras wieder grün,
wird in den Gärten der Apfelbaum blühn,
dann, liebes Kind, kehr ich zurück,
dann kehre ich zu dir zurück.

(aus: Musikpraxis Heft 36. Fidula–Verlag: Boppard 1987, S. 99ff.)

Hinführung

Der Lehrer zeigt eine Vogelhandpuppe und spricht: „Nun wird es kalt. Hier in den Tälern schneit es nun bald. Höre, mein Kind, ich sag es dir: Darum flieg ich fort von hier.“

Die Schüler äußern sich und stellen Fragen, z.B.: Warum willst du fort? Wohin ziehst du? Wann kommst du wieder?

Der Lehrer beantwortet die Fragen, die inhaltlich dem Lied entsprechen, möglichst textgetreu.

Begegnung mit dem Lied
Der Lehrer singt das Lied einmal ganz vor. Dabei hält er die Puppe weit von sich, wenn er die Fragen singt. Er zieht sie nahe zu sich heran, wenn der Vogel die Antwort gibt.
Zielangabe: Dieses Lied wollen wir heute näher kennen lernen.

Stimmbildung
Lehrer: Unser Vöglein friert und
- schlägt mit den Flügeln.
- Es hüpft herum.
- Es lässt die Beine ganz gestreckt; langsam wackelt es mit dem Oberkörper in die Rumpfbeuge – puhh – und streckt sich wieder.
- Es klappert mit dem Schnabel.
- Es reibt die Schnabelspitze hin und her.
- Es stöhnt „puhh!“ und atmet mit dem Näschen ein.
- Es bläst ein Federchen weg, puhh.
- Wir fliegen mit der Stimme auf mhh den Weg des Federchens mit (leise Glissando-Bewegung) .
- Auch als Partnerübung: Einer bläst das Federchen hoch, der andere führt die Glissando-Bewegung aus.

Erarbeitung von Teil A
Lehrer und Schüler lesen den Text der 1. Strophe.
Lehrer: Lege den Kopf auf die Bank und spitze die Ohren.
Der Lehrer spielt die Melodie auf der Flöte und zeigt anschließend zur Tafel (stummer Impuls).
Schüler: Bei roter Schrift ist die gleiche Melodie (Teile A).
Lehrer und Schüler singen die Teile A.
Lehrer: Hier musst du aufpassen! Er markiert die Stellen *„wa–rum“* und *„da-rum“*. Auf eine Silbe musst du zwei Töne singen (melismatisches Melodie-Text-Verhältnis) .
Lehrer und Schüler klatschen, sprechen und singen die Stellen.
Analog werden die Teile A der 2. und 3. Strophe erarbeitet.
Teil B
Der Lehrer zeigt den Melodieverlauf als grafische Notation. Während er die Melodie auf der Flöte spielt, zeigt ein Schüler den Melodieverlauf mit. Die Schüler hören zu.
Anschließend singen die Schüler auf Silben wie *dü, lu, mi* oder *na* mit und bewegen ihre Arme entsprechend dem Melodieverlauf.

Nun spielt der Lehrer die Melodie auf der Flöte und stoppt abrupt. Die Schüler nennen die Textstelle.
Der Lehrer singt, stoppt an einer Stelle, die Schüler singen weiter.

Zusammenfassung und Weiterführung
Nachdem die einzelnen Melodieteile erarbeitet wurden, werden alle drei Strophen gesungen.
Erst wenn das Lied allen Schülern verfügbar ist, sollte mit der Begleitung begonnen werden.

Begleitung
Vorspiel

1. Mit der Stimme *Vogelstimmen* nachahmen, z.B. pfeifen, zirp, tschip, piep … (durcheinander, leise, laut)
2. Leise setzt die *Handtrommel* ein. Sie wird rhythmisch exakt, nicht zu schnell angeschlagen:

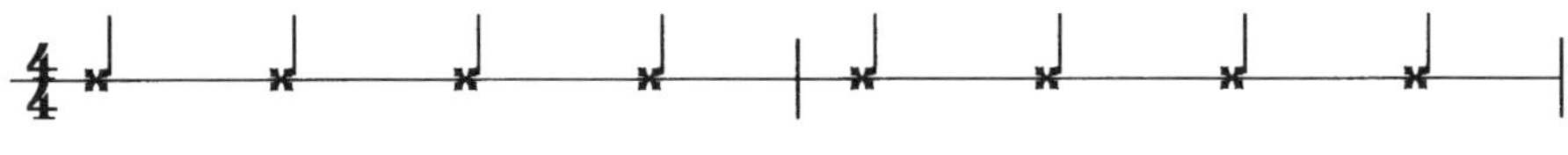

3. Nach und nach verstummen die Vogelstimmen, bis nur noch die Trommel zu hören ist.
4. *Vor-, Zwischen- und Nachspiel*
   Die *Blockflöte* setzt erst bei der Wiederholung ein.

5. *Lied*
   Einzeltöne (aber auch Akkorde) können, wie aus dem Lied mit Gitarrenbegleitung ersichtlich, je zweimal mit dem XYL angeschlagen werden, also:
   (Teil A) F F, A A, B B, F F, G G, D D, C C, F F usw.

Erarbeiten der Begleitung
a) Einüben ohne Instrument

- Der Lehrer singt das Lied und spielt dazu die Begleitung. Hören, wo der Wechsel zwingend ist! (Wenn ein Lied nur zwei Begleittöne – Tonika, Dominante – hat, ist dies natürlich einfacher als bei diesem Lied.)
- Die Buchstaben, also die Harmonien, wurden an die Tafel geschrieben, zunächst nur von Teil A. Der Lehrer spielt, die Schüler lesen und hören mit. In einem weiteren Durchgang können die Begleittöne mitgesungen werden.
- Ein Modell eines Stabspieles hängt an der Tafel:

C	D	E	F	G	A	B	C

Der Lehrer spielt auf dem Modell, die Schüler patschen die Begleitung. Bei der Wiederholung wird das Lied dazu gesungen.

b) Einüben mit dem Instrument
Die Klasse wird entsprechend der Anzahl der Stabspiele in Gruppen eingeteilt. Jeder spielt einmal; danach wird durchgewechselt (wie im Sport).
Die Kinder, die kein Instrument spielen, klatschen an der Stelle, wo ein Ton angeschlagen wird, mit. Zuerst werden die Begleittöne mitgesungen, danach die Melodie des Liedes. Der Lehrer spielt die Melodie auf der Flöte mit.
Wenn im Laufe einer Woche täglich kurze Zeit geübt wird, können viele Schüler die Begleitung spielen. Dem Lehrer bietet sich die Kontrollmöglichkeit, wer gut hört, wer rhythmisch sicher ist und wer am Instrument geschickt ist.

Stundenbild: Im Winter kommen die Vögel ans Futterhaus
(Sachunterricht 1./2. Schuljahr)

Ziele

- Kennenlernen einiger Vogelarten
- Üben fachspezifischer Arbeitsweisen wie Vergleichen und Erkennen von gleichen bzw. unterschiedlichen Merkmalen, Sortieren und Klassifizieren
- Einprägen artspezifischer Merkmale, die das Wiedererkennen erleichtern
- Lernen, wie man Vögel richtig füttert
- Regeln sinnvoller Winterfütterung lernen
- Selbstständige Informationsentnahme aus Sachtexten
- Möglichkeiten des Informationsgewinns suchen und anwenden

Kennst du die Vögel am Futterhaus?
(1. Lerneinheit)
Einstieg
Identifizieren von Vogelstimmen (selbstverständlich unbenannt)
Kinder: Wahrscheinlich sind das Vögel am Futterhaus. (Von Futterhäusern wurde im Morgenkreis erzählt. Vielleicht gibt es ein Futterhaus auf dem Schulgelände.)
Erarbeitung
Tafelbild: Um ein Futterhaus herum fliegen viele Vögel durcheinander (mit Klebepunkten an der Tafel befestigt), die nicht bunt, sondern nur als Schattenbilder gezeichnet und aus weißem Papier ausgeschnitten sind, sich in ihren Merkmalen aber exakt unterscheiden lassen: Amsel, Spatz, Kohlmeise, Blaumeise, Dompfaff, Grünfink. Jede Vogelart ist mehrmals vorhanden.
Lehrer: Am Vogelhaus ist viel Betrieb. Du siehst nicht lauter verschiedene Vögel, von manchen Vogelarten sind gleich mehrere da. Überlege dir zusammen mit deinem Nachbarn, welche Vögel den gleichen Namen haben und versuche, das zu begründen. Nach den Vorschlägen der Kinder werden die Vögel von dem Tafelbild weggenommen und in sechs Gruppen sortiert, *Tafelbild* (1). Wesentlich ist die Begründung der Kinder, also die *Beschreibung arttypischer Merkmale:* (Namen werden noch nicht genannt!)

Amsel: Im Vergleich großer Körper, langer, spitzer, schmaler Schnabel, schlanker Körper
Dompfaff: runder Körperbau, dicker, breiter Schnabel, vergleichsweise großer Körper
Spatz: kleiner Körper, kurzer, breiter Schnabel
Grünfink: kräftiger Körperbau, kräftiger, breiter Schnabel, Schnabel größer als beim Spatz
Blaumeise: kleiner Körper, kleiner, spitzer Schnabel, Zeichnung am Kopf
Kohlmeise: kleiner Körper, aber größer als der der Blaumeise, kleiner, spitzer Schnabel, Zeichnung an Hals und Bauch

Kategorisierung: Nach der Beschreibung der Kinder hängt der Lehrer zu jeder Vogelgruppe eine *Merkmalskarte für die Schnabelform.* (2)

Zuordnen der Stopfpräparate und der Namen
Lehrer: Du hast es richtig herausgefunden, es sind sechs verschiedene Vogelarten. Ich habe dir genau diese Vögel ausgestopft mitgebracht (Anfassen der Stopfpräparate ist strikt verboten). Vergleiche mit den ausgeschnittenen Vögeln, dann findest du heraus, wer am Futterhaus war. Vielleicht kennst du auch schon einige der Vögel beim Namen.

Anmerkung: Präparate kann man evtl. an Nachbarschulen ausleihen. Als Ersatz können Sachbücher, Dias, gute Fotos aus Vogelbestimmungsbüchern oder Naturlexika verwendet werden.

Die Kinder vergleichen die bei den Papiervögeln beschriebenen Merkmale mit denen der ausgestopften Vögel, ordnen zu und nennen evtl. die Namen. Jetzt erst werden die *Namenkarten der Vögel* an der Tafel den weißen Papiervögeln zugeordnet. (4)
Kategorisierung: *Merkmalskarten für Federfarben* werden zugeordnet. (3)

Tafelbild
Vögel am Futterhaus

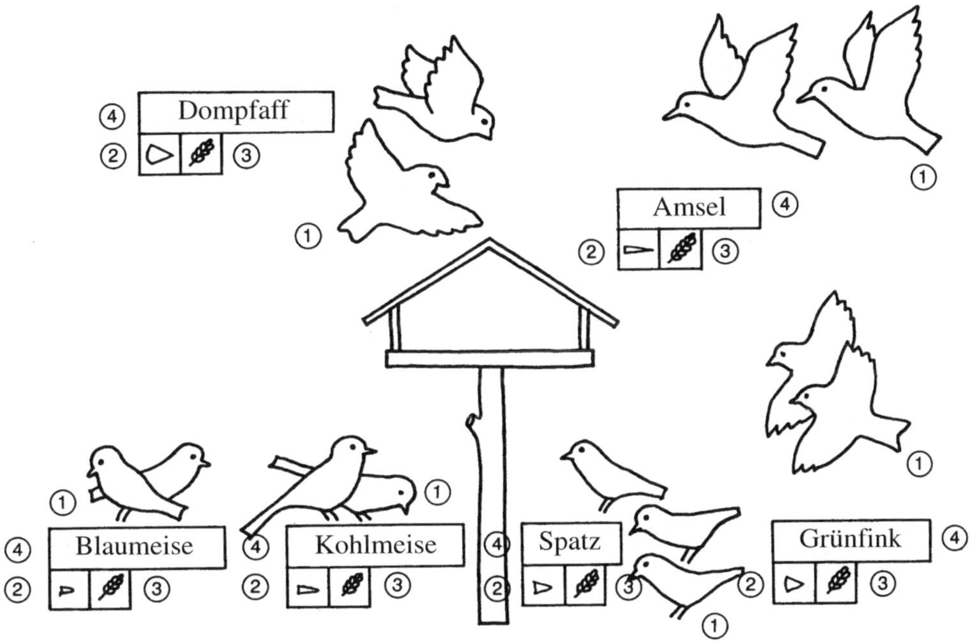

Festigung
1. Schuljahr: Auf dem Arbeitsblatt sind die Vögel gezeichnet. Aufgabe: Namen, Merkmalsschilder für Schnabelform und Gefiederfarbe zuordnen
2. Schuljahr: KV 3: Erste Aufgabe wie oben
Fortsetzung im arbeitsteiligen *Gruppenunterricht:* Jede Schülergruppe erhält ein Kinderlexikon, ein Vogelbestimmungsbuch o. Ä.
Auftrag: Sucht euren Vogel, lest über ihn und versucht herauszufinden,
- ob sich Männchen und Weibchen unterscheiden;
- wenn ja, worin;
- wo er lebt;
- was er frisst;
- was euch sonst noch interessiert.

Schreibt alles auf den Block.

Kennst du die Vögel am Futterhaus? | KV 3

Dompfaff	Amsel	Blaumeise	Kohlmeise	Grünfink	Spatz

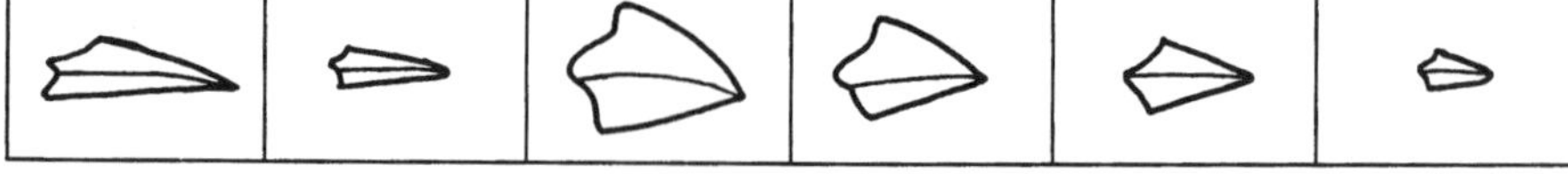

Anwendung

Wir beobachten am Futterhaus (im Schulgelände oder an einem in der Nachbarschaft aufgestellten Futterhaus) und

- merken uns, welche Vögel zum Fressen kommen;
- versuchen zu beobachten, wie und was sie fressen.

Wir füttern die Vögel richtig

(2. Lerneinheit)

Anknüpfung/Wiederholung

Der Lehrer zeigt ein Merkmalsschild (Schnabelform, Federfarbe) und die Kinder

- überlegen, welchem Vogel diese Schilder zugeordnet werden können,
- nennen seinen Namen,
- zeigen ihn auf Bildern, Postern oder
- wählen ihn aus den Präparaten aus.

Erarbeitung

1. Wir überlegen, was die Vögel im Sommer fressen:

Erfahrungsberichte der Kinder, ergänzt durch Lehrererzählung und Lehrerimpulse:

Die Amsel frisst Beeren und Obst (in den Gärten werden Johannisbeerbüsche mit Netzen geschützt, an Kirschbäumen Vogelscheuchen angebracht), Schnecken, Würmer und kleine Insekten.

Die Meisen fressen feine Samen, Würmer, kleine Beeren.

Der Dompfaff, der Sperling und der Fink fressen Samenkörner, aber auch Knospen und Insekten.

Im 2. Schuljahr erscheint der Einsatz eines Sachtextes denkbar, aus dem die Kinder selbstständig Informationen entnehmen können:

Sommermorgen in unserem Garten

Schon früh am Morgen weckt uns im Sommer der Gesang der Vögel. Die Meisen zwitschern, die Amsel tirilliert, der Dompfaff ruft sein klagendes dü und die Spatzen tschilpen um die Wette. Nach einer Weile wird es wieder stiller, die Vögel sind nicht etwa weitergeflogen, sie suchen sich nur ihr Futter. Im Gras marschiert die Amsel auf und ab und immer wieder gelingt es ihr, einen Wurm aus der Erde zu ziehen. Leider hat sie auch entdeckt, dass die Beeren an unseren Johannisbeerbüschen schon rot werden! Die kleinen Meisen turnen an den verblühten Blumen und picken den Samen aus den Blütenständen. Genauso gern fressen sie auch kleine Insekten, die sie auf Blättern und an Bäumen sammeln. Den Gimpel mit seinem roten Bauch entdeckt man, wenn er Knospen an den Sträuchern oder die ersten Samen aus den Sonnenblumen pickt.

(Verfasser und Quelle unbekannt)

Fixierung und Wiederholung

An der *Tafel* werden Vogelbilder (oder Wortkarten mit den Vogelnamen) und Bilder von Insekten, Beeren, Samen usw. zugeordnet. Dabei ist auf exakte Verbalisierung zu achten: Im Sommer frisst die Amsel …

Im *Sachheft* malen die Kinder unter der Überschrift „Vögel suchen im Sommergarten Futter" die Vögel und dazu das entsprechende Futter beziehungsweise schreiben Sätze auf, die illustriert werden: Die Amsel frisst Würmer, Schnecken und Beeren usw.

2. *Wir wählen geeignetes Winterfutter aus:*
   Auf einem Tisch ausgebreitet wird als mögliches Vogelfutter angeboten: Brotstückchen, Speckrinde, Obst, Haferflocken, Sonnenblumenkerne, Maiskörner, Nüsse, Getreidekörner, Rosinen, Kuchenbrösel.

- *Benennen* und Zuordnen kleiner Namenkärtchen
  Satzreihe: Ich kenne Sonnenblumenkerne. Ich kenne …

- *Überlegen und Begründen* (evtl. Lehrererklärung), was sich zur Fütterung der Vögel eignet und was nicht. Jeweils Vergleich mit der entsprechenden Nahrung im Sommer:

  Brot ist ungeeignet, es schimmelt oder friert.
  Speck und Wurst sind ungeeignet, verderben und machen Durst.
  Obst ist ungeeignet, es verdirbt oder friert.
  Haferflocken sind geeignet, sie entsprechen den frischen Samen, die Meisen im Sommer suchen.
  Sonnenblumenkerne, Nüsse, Maiskörner und Getreidekörner sind geeignet, sie entsprechen den Samen, die Vögel im Sommer suchen.
  Rosinen sind geeignet, sie entsprechen den Beeren und Früchten, die die Amsel im Sommer sucht.

- *Aussortieren des ungeeigneten Futters*
  - Namenkärtchen des ungeeigneten Futters durchstreichen
  - auf einem Arbeitsblatt geeignetes und ungeeignetes Futter kennzeichnen (ausmalen, durchstreichen)
  - Sätze notieren: Wir füttern Nüsse. Wir füttern …

- *Über den Nährgehalt der Samen lernen*
  - Sonnenblumenkerne öffnen, zwischen Seidenpapierblättern zerdrücken: Auf dem Papier erscheint ein Fettfleck.
  - Erkenntnis: Die Kerne enthalten Fett – Sonnenblumenöl (entsprechend Leinsamenöl, Weizenkeimöl usw.).
  - Wissen/Lernen: Fett gibt Kraft und damit Widerstandskraft, um die Kälte zu überstehen (Eskimos!), deshalb sind die Kerne für die Vögel wichtig. Wir können auch noch Fett zufüttern (Meisenknödel).

3. *Wir lernen Regeln für die richtige Winterfütterung*
   - Nur bei wirklicher Kälte, Schnee und Eis füttern!
   - Nur geeignetes Futter auslegen!
   - Auf saubere Futterplätze achten!

4. *Auswahl des artspezifischen Futters ist durch artspezifische Merkmale (Schnabel) begründet*
   - Wir schauen uns noch einmal den *Schnabel* der Amsel und des Dompfaffs genau an und beschreiben: lang, schmal, spitz bzw. breit, kräftig, dick, kurz.
   - Wir beobachten, *wie* diese Vögel ihre Nahrung im Futterhaus aufnehmen: Die *Amsel* schluckt die Kerne ganz, sie pickt die Rosinen auf und schluckt sie. Der *Dompfaff* oder *Grünfink* picken Kerne auf und knacken sie mit dem Schnabel, die Schalen fallen und der Kern wird geschluckt. Die *Meise* holt sich Kerne, hält sie mit den Füßen fest, meißelt mit dem Schnabel die Schale auf und bekommt so den Kern.
   - *Erkenntnis:* Die Amsel kann mit ihrem langen dünnen Schnabel im Sommer gut die Würmer aus dem Boden holen, doch im Winter hat sie mit den Kernen Schwierigkeiten.
     Deshalb ist für sie weiches Futter (Rosinen, Haferflocken) geeignet.
     Die Amsel heißt auch *Weichfutterfresser.*
     Der Dompfaff oder die Finken können die Kerne mit ihrem kräftigen Schnabel wie mit einem Nussknacker knacken.
     Diese Vögel heißen *Körnerfresser.*
     Die Meise frisst wohl im Sommer auch hauptsächlich Insekten, kleine Samen und Beeren, sie ist jedoch so geschickt, dass sie im Winter auch größere Kerne bewältigt.
     Wenn wir allen Vögeln helfen wollen, ist *Mischfutter* am besten.

Wir stellen eine Futterglocke selbst her
(Mündlicher/Schriftlicher Sprachgebrauch: Handlungseinheit)
(3. Lerneinheit)

Ziele
Kurze Mitteilungen und einfache Anweisungen verstehen und weitergeben, dabei einfache Sachverhalte und Beobachtungen erfassen und sprachlich darstellen
Erklären, wie man eine Futterglocke bastelt:
- Aufzählen des benötigten Materials
- Beschreiben der Handlungsschritte und Formulieren als Anweisung
- Ordnen der Handlungsschritte
- fehlende Handlungsschritte bemerken und richtig ergänzen

Unterrichtsverlauf
Anknüpfung/Wiederholung
Wir haben schon viel über die Vögel gelernt, sicher kannst du noch Fragen beantworten: Ich kenne einen dicken Vogel mit einem roten Bauch. – Das ist der Dompfaff. Usw.
Jedes Kind, das eine Frage richtig beantwortet, darf eine neue Frage formulieren oder aus einem Stoß Quizfragen zum Thema „Vögel im Winter" ziehen.
Lehrer: Wir haben auch besprochen, warum die Vögel im Winter besonders gerne Samenkörner fressen. – Sie enthalten Fett und die Vögel brauchen das Fett als Nährstoff.
Als wir vom Vogelfutter gesprochen haben, erzählten manche Kinder von Meisenknödeln. Diese bestehen aus einer Mischung aus Fett und Körnern. Heute habe ich etwas Ähnliches dabei: eine Futterglocke.
Zielangabe: Wir wollen Futterglocken basteln und im Schulgelände aufhängen.

Planung des Vorhabens
Sammeln des benötigten Materials: Durch genaues Betrachten der fertigen Futterglocke erkennen die Kinder, was benötigt wird.
Erstellen einer Liste an der *Tafel:*

1. Schuljahr	*2. Schuljahr:* Wortliste
Bilder entsprechend der Wortliste	Fett (geeignet ist Schweineschmalz oder Rindertalg) Körner Blumentöpfe Schnurstücke Topf, Kochplatte, Löffel

Herrichten des Materials
Schulung der Gedächtnis- und Konzentrationsleistung im Sitzkreis: *Wir spielen Kofferpacken*
Spielregel:
1. Kind: Ich richte einen Blumentopf her.
2. Kind: Ich richte einen Blumentopf und eine Schnur her.
3. Kind: Ich richte einen Blumentopf, eine Schnur und Fett her usw.

Beschreiben der Handlungsschritte
Skizzen (vgl. KV 4) halten die geplanten Handlungsschritte an der Tafel fest.
1. Bild: Wir fädeln die Schnur durch das Loch im Blumentopf.
2. Bild: Wir machen an der Seite, die im Topfinneren ist, einen dicken Knoten in die Schnur.
3. Bild: Wir schmelzen auf der Herdplatte das Fett.

Wir basteln eine Meisenglocke | KV 4

Schneide die Bilder aus, überlege die Reihenfolge, lege in der richtigen Reihenfolge und klebe auf.

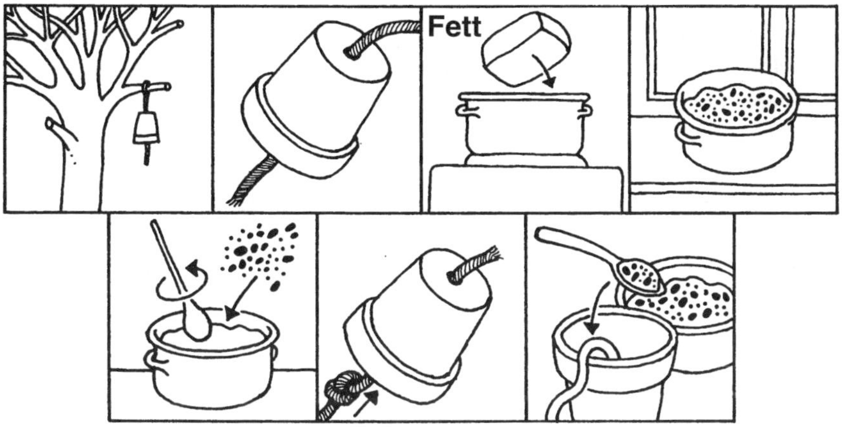

Schneide, ordne und klebe:

Wir füllen Fett und Körner in den Blumentopf.

Wir hängen die Futterglocke am Baum auf.

Wir machen einen dicken Knoten in die Schnur.

Wir fädeln eine Schnur durch das Loch.

Wir schmelzen das Fett.

Wir stellen den Topf zum Abkühlen vor das Fenster.

Wir rühren Körner in das Fett.

4. Bild: Wir rühren die Körner unter das flüssige Fett.
5. Bild: Wir lassen die Masse abkühlen.
6. Bild: Wir streichen die weiche Masse in den Blumentopf.
7. Bild: Wir hängen die Futterglocke an Bäumen auf.
Ausführen der Handlungsschritte: Überlege genau, was du tun willst, und sage es; überlege, was als Nächstes getan werden muss.

Abschluss
Jedes Kind bekommt die Handlungsschritte in Einzelbildern, ordnet diese und ordnet Sätze zu, bzw. schreibt selbst die zugehörigen Sätze auf.
Kopiervorlage KV 4

Sprachübungen:
- Formulieren der Handlungsschritte als Anweisung:
  Wenn du eine Futterglocke basteln willst, musst du ...
  1. Schuljahr: Sprechen der Anweisung auf Kassette, anschließende Kontrolle
  2. Schuljahr: Aufschreiben dieser schrittweisen Erklärung für einen Freund
- Wir hören eine auf *Kassette* gesprochene Szene, in der Sabine ihrer Freundin das Basteln einer Futterglocke erklärt, dabei aber beim Erstellen der Materialliste Fehler macht und die Abfolge der Handlungsschritte vertauscht. → Korrektur durch exaktes, richtiges Erklären
- Wir formulieren die Anweisungen in Fragen um:
  Hast du auch alles hergerichtet? Hast du ...?

Anknüpfungsmöglichkeiten
1. Sprachbetrachtung
Die Regeln der Vogelfütterung werden als *Befehlssätze* formuliert.
Wir merken uns: Nach einem Befehlssatz steht das Ausrufezeichen. Nach dem Ausrufezeichen schreibe ich groß.

2. Erstlesen
Auch wenn nicht alle verwendeten Buchstaben bereits analysiert sind, kann folgender Text
- als Ganzworttext gegeben,
- von guten Lesern vorgelesen und
- später nachgelesen werden:

Vögel im Winter
Im Garten sind viele Vögel.
Sie suchen Futter.

Es ist kalt. Die Vögel finden kein Futter.
Wir streuen Körner.
Wir streuen Rosinen.

3. Weiterführendes Lesen

- Bertolt Brecht: Die Vögel warten im Winter vor dem Fenster (Lesebuch Lies mit 2. Hannover 1987)
- *Christian Morgenstern:* Die drei Spatzen (Mein Lesebuch für das zweite Schuljahr. München 1976, S. 192)

4. Rechtschreiben
Rechtschriftliche Arbeitstexte zur Erarbeitung des Grundwortschatzes:

1. Schuljahr:
Am Ast ist eine Amsel.
Die Amsel ist schwarz.
Da kommt die Amsel zum Haus.

2. Schuljahr:
Sabine hat mit Vater ein Haus für die Vögel gemacht.
Weil es sehr kalt ist und der Schnee alles zudeckt, finden die Vögel kein Futter.
Sabine muss jeden Tag Körner in das Haus legen.
Alle freuen sich, wenn viele Vögel kommen.

5. Sprachbetrachtung: Namen von Vögeln sind Namenwörter. Tiernamen sind Namenwörter. Namenwörter schreibe ich groß.

6. Kunsterziehung
Gemeinschaftsarbeit: Vögel am Futterhaus
Im Gespräch wird erarbeitet, was der Reihe nach getan werden muss. Besonders geeignet zum Aufhängen dieser Gemeinschaftsarbeit erscheint ein großes Fenster im Schulhausgang oder auch eine Klassenzimmerwand. Zuerst wird von einigen Kindern (3–4) auf großformatiges Papier (evtl. alte Plakate oder Tapeten verwenden) ein Vogelhaus gemalt mit dicken Pinseln und Wasser- oder Plakafarben. Das Dach des Hauses kann mit Naturmaterial (Stroh, getrocknete Gräser) gedeckt werden. In das Haus werden Körner geklebt. Auf Zeichenpapier DIN A4 malt jedes Kind einen Vogel. Die *Gestaltungsaufgabe* liegt in der Form- und Farbgebung. Wichtig ist die Wiederholung und Reflexion der Beobachtungen aus dem Sachunterricht, die nach Möglichkeit beim Malen verwirklicht werden sollen. Die Vögel werden ausgeschnitten und um das Vogelhaus zu einem Gesamtbild geklebt.
Neben diesem Gemeinschaftsbild können von den Kindern geschriebene Sachtexte zum Thema „Vögel im Winter“, „Winterfütterung, aber richtig!“ aufgehängt werden. Schüler lesen gerne im Schulhaus, was andere geschrieben haben, und die Verfasser sind stolz.

2. Der Winter ist da

2.1 Draußen ist es kalt geworden

Stundenbild: Wir messen mit dem Thermometer
(Sachunterricht 2. Schuljahr)

Lernziele:
Kennenlernen des Thermometers als Möglichkeit zur objektiven Temperaturmessung und Lernen, wie man mit dem Thermometer misst.
Die Schüler sollen
- begreifen, dass das Temperaturgefühl ungenau und subjektiv von der jeweiligen Situation abhängig ist
- das Thermometer als Gerät zur objektiven Messung kennen lernen
- das Thermometer gebrauchen und ablesen lernen
- begreifen, dass die Art der Messung und die Einteilung der Messskala auf Vereinbarung beruhen

Wer hat Recht: warm oder kalt?
(1. Lerneinheit)

Hinführung
Beschrieben wird folgende *Situation*
- als Lehrererzählung, unterstützt durch Overheadprojektorfolien,
- als Szene vom Kassettenrekorder oder
- als Lesetext von den Kindern gelesen:

Jahreszeitgemäß ist es draußen kalt. Tim hat mit seinen Freunden im Garten Fußball gespielt. Er kommt ins Haus, zieht seinen Anorak aus, kommt ins Wohnzimmer und ruft: „O je, ist es da heiß! Lasst mich mal das Fenster aufmachen!"
Gleichzeitig kommt sein Bruder Marco ins Wohnzimmer. Er hat gerade gebadet und sich die Haare gefönt. Er ist entsetzt, wie kalt es im Wohnzimmer ist, und möchte, dass die Heizung weiter aufgedreht wird.

Erarbeitung
Problemstellung: Wer hat Recht?
- Wiedergabe der Situation mit eigenen Worten
- Zusammenfassung, wie jedes der Kinder die Temperatur im Wohnzimmer beurteilt
- Fixierung an der *Tafel:* Warm oder kalt?
  Tim: Im Wohnzimmer ist es zu warm.
  Marco: Im Wohnzimmer ist es zu kalt.
- Diskussion, wer Recht hat – noch ohne Ergebnis

Versuch zur Problemlösung
Lernmittel: Drei Schüsseln mit Wasser (heiß, lauwarm, kalt) und drei Schilder mit Temperaturbegriffen
Organisation: Ein Kind fasst zuerst ins heiße, dann ins lauwarme Wasser. Ein anderes Kind fasst zuerst ins kalte, dann ins lauwarme Wasser. Sicherlich wird die Temperatur vom ersten Kind mit „kühl“ oder „kalt“, vom zweiten Kind mit „lauwarm“ oder „warm“ bezeichnet werden.
Zur jeweiligen Schüleräußerung werden Wortkarten zu den Wasserschüsseln zugeordnet, um die unterschiedliche Bezeichnung deutlich zu machen.

Schlussfolgernde Problemlösung
Erkenntnis: Wenn man vom heißen Wasser ins lauwarme fasst, empfindet man dieses als kühl. Wenn man vom kalten Wasser ins lauwarme fasst, empfindet man dieses als warm.

Rückschluss auf die Ausgangssituation
Bei Tim und Marco war es genauso: Tim kam aus dem kalten Garten, Marco aus dem warmen Badezimmer. Beide haben deshalb die Temperatur im Wohnzimmer unterschiedlich empfunden. Für Tim war es im Wohnzimmer wärmer als draußen im Garten. Für Marco war es im Wohnzimmer kälter als im Bad.

Festigung
1. Ergänzung der *Tafelanschrift:* Das Temperaturgefühl ist ungenau.
2. *Arbeitsblatt oder Folientext mit wenn … dann Sätzen:*
   - Wenn ich aus der Badewanne steige und in mein Zimmer gehe, empfinde ich es dort als … Wenn ich aus dem Keller komme, empfinde ich es im Zimmer als …
   - Peter ist im Eiltempo zum Hallenbad gerannt, Timo steht schon 10 Minuten dort und wartet. Peter findet das Wasser …, Timo findet das Wasser …
   - Sabine isst heiße Suppe und trinkt dann von ihrem Tee, den Mutter schon abgekühlt hat. Sie findet den Tee … Ihr Bruder Bernd lutscht noch an einem Eis, das er sich auf dem Heimweg gekauft hat. Er findet den Tee …
   usw.

Abschluss: Es kann gefährlich sein, wenn jeder die Temperatur anders empfindet. Deshalb hat man sich ein Hilfsmittel überlegt: Dieses Hilfsmittel ist ein Thermometer.
Tafelanschrift: Das Thermometer misst die Temperatur genau.
Hausaufgabe: Suche zu Hause nach Thermometern und überlege, wozu diese verwendet werden.
Bringe Thermometer mit.

Viele Thermometer messen die Temperatur
(2. Lerneinheit)

Wiederholung aus der vorangegangenen Stunde: Das Temperaturgefühl ist ungenau, deshalb helfen wir uns mit einem Thermometer.
Vorwissen einbringen: Verschiedene Thermometer, verschiedene Möglichkeiten der Verwendung (Hausaufgabe)
Die Kinder zeigen ihre Thermometer und sprechen:
Das ist ein Badethermometer, es misst die Temperatur des Badewassers.
Das ist ein Zimmerthermometer, es misst …
Analog: Außen-, Auto-, Kühlschrank-, Gefrierschrank-, Fieber-, Einkochthermometer
Jeweils *Gespräch über die Gefahr,* die eine ungenaue Temperaturmessung in der entsprechenden Situation bedeuten würde.
Festigung: Auf einem Arbeitsblatt mit verschiedenen Thermometern jeweils den Namen zuordnen.

Objektbetrachtung Thermometer
Wir vergleichen die vielen verschiedenen Thermometer und finden bei unterschiedlichem Aussehen gleich bleibende Teile.

Tafelbild:
Das Thermometer

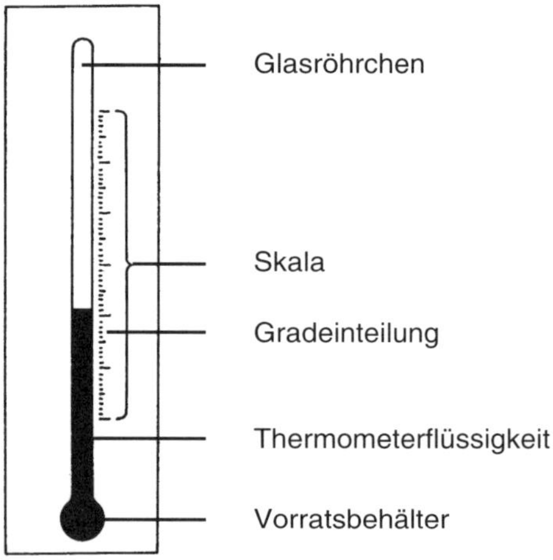

Wie funktioniert das Thermometer?
(3. Lerneinheit)

Wiederholung aus den vorangegangenen Unterrichtsstunden
Problemstellung: Wir behaupten, dass das Thermometer hilft die Temperatur genau zu messen. Weißt du auch wie?

Erarbeitung
Teilziel 1: Die Reaktion der Thermometerflüssigkeit beobachten und Schlussfolgerungen ziehen

Material für Gruppenarbeit:
Becher mit heißem bzw. kaltem Wasser (Tauchsieder oder heißes Wasser in Thermoskannen), Thermometer ohne Gradeinteilung.
Auftrag: Tauche das Thermometer zuerst in das kalte Wasser, beobachte dabei die Thermometerflüssigkeit genau. Nach einer Weile tauche das Thermometer in das heiße Wasser, beobachte wieder genau.

Formulieren und Fixieren der Beobachtungen
1. Wenn ich das Thermometer vom kalten in das heiße Wasser tauche, steigt die Thermometerflüssigkeit im Glasröhrchen.
2. Wenn ich das Thermometer vom heißen in das kalte Wasser tauche, sinkt die Thermometerflüssigkeit im Glasröhrchen.

Schlussfolgerung
Die Thermometerflüssigkeit bewegt sich (steigt/sinkt), wenn sich die Temperatur verändert. Je wärmer die Temperatur, desto höher steigt die Flüssigkeit; je kälter die Temperatur, desto tiefer sinkt …

Teilziel 2: Feststellen, dass das Thermometer situationsunabhängige Messergebnisse liefert
Material wie oben, dazu ein Becher mit lauwarmem Wasser.
Versuch
Das Thermometer (ohne Skala) zuerst in heißes Wasser tauchen – abwarten, dann in lauwarmes Wasser – abwarten; Stand der Thermometerflüssigkeit markieren. Danach das Thermometer zuerst in kaltes Wasser tauchen – abwarten, dann in lauwarmes Wasser– abwarten; Stand der Thermometerflüssigkeit markieren.

Ergebnisformulierung und -einordnung
Die Temperatur im (mittleren) Becher hat sich nicht geändert. Die Thermometerflüssigkeit bleibt an der gleichen Stelle stehen, ganz gleich, ob sie vorher höher oder tiefer stand. Das ist anders als bei unserem Temperaturgefühl. (Rückgriff auf Lerneinheit 1)
Erkenntnis: Aber wir können immer noch keine genauen Temperaturangaben machen, die Einteilung in Grade und die Ziffern fehlen.

Teilziel 3: Die Messskala kennen lernen
Lehrererklärung und Demonstration:
Ein schwedischer Forscher mit dem Namen Celsius hat das Thermometer so, wie wir es verwenden, erfunden. Ich will es euch erklären:
- Er hat ein Glasrohr mit Flüssigkeit, so wie wir vorhin, in kochendes Wasser getaucht und abgewartet, bis zu welcher Stelle im Glasrohr die Flüssigkeit steigt. Diesen Punkt hat er markiert und Siedepunkt (Kochpunkt) genannt.

– Dann hat er dieses Glasrohr in Eis gehalten und beobachtet, wie weit die Flüssigkeit sinkt. Diesen Punkt hat er wieder markiert und Gefrierpunkt (Eispunkt) genannt.
– Dann hat er die Strecke dazwischen in 100 kleine Strecken eingeteilt, die Grade, und so ergab sich ein Thermometer, wie wir es heute verwenden.

Festigung
– Kinder wiederholen und vollziehen den geschilderten Versuch als Demonstrationsversuch nach.
– *Arbeitsblatt*

Wie das Thermometer erfunden wurde

Der schwedische Forscher Celsius hat beobachtet:
Die Flüssigkeit im Glasröhrchen steigt im kochenden Wasser immer bis zur gleichen Stelle. Diese Stelle wird ______________ genannt.
Wenn das Glasröhrchen in Eiswasser gehalten wird, sinkt die Flüssigkeit im Glasröhrchen auf einen bestimmten Punkt. Auch das ist immer die gleiche Stelle. Sie heißt ______________.
Celsius hat den Abstand zwischen Eispunkt und Siedepunkt in 100 gleiche Teile eingeteilt. Das sind die Grade.

Ich merke mir:
Der Eispunkt liegt bei ______________.
Der Siedepunkt liegt bei ______________.

Wir messen mit dem Thermometer
(4. Lerneinheit)

Wiederholung aus den vorangegangenen Unterrichtsstunden
– Warum verwenden wir ein Thermometer?
– Welche Thermometer gibt es?
– Wie verhält sich die Thermometerflüssigkeit beim wechselnden Eintauchen in verschieden temperiertes Wasser?
– Wie erfand Celsius das Thermometer?
– Wie heißen die wichtigsten Punkte auf der Skala?

Messübungen
In Einzel- oder Partnerarbeit bekommen die Kinder den Auftrag zu Messübungen; die Ergebnisse werden festgehalten entweder auf einem *Arbeitsblatt,* auf dem auch die Aufträge notiert sind, oder auf dem *Block,* wenn die Aufträge an der Tafel stehen; z. B.:
Miss die Temperatur
deiner Hand
über der Fensterbank
in deiner Büchertasche

in einem Glas Leitungswasser
im Hof
im Treppenhaus
im Klassenzimmer

Anschlussmöglichkeiten

1. Sachunterricht: Wir beobachten das Wetter

Dabei wird eine Langzeitmessung durchgeführt: Jeden Morgen messen zwei Kinder im Hof die Lufttemperatur und tragen diese in einer Beobachtungstabelle ein. Die Kinder lernen auf diese Weise Messkurven anzulegen und abzulesen.

Messkurve

Wir beobachten das Wetter und messen die Temperatur

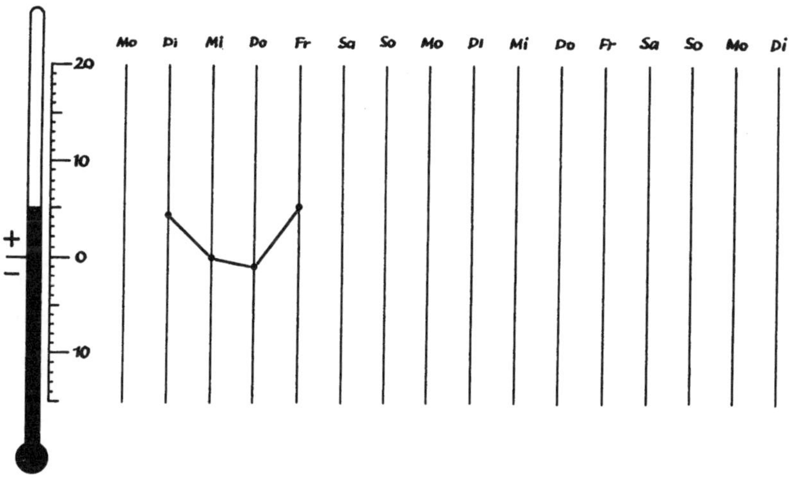

2. Deutsch/Rechtschreiben

Kopiervorlage 5 (Text aus Gerhard Trausch: Ich lerne richtig schreiben. München 1986, S. 18)

Unterrichtssequenz: Winterzeit – Erkältungszeit?

(Sachunterricht 1.–4. Schuljahr) mit KV 6 und KV 7

Mögliche Themen:

- Vorbeugen ist besser als heilen (Das hilft uns dabei: Gesunde Ernährung, Hygiene, Abhärten)
- Wie bekomme ich eine Erkältung?
- Das kann ich bei einer Erkältung tun

Als Einstieg dient das Spiel *„Wer wird unser Gesundheits-Profi?"* (nette Eltern helfen sicher bei der Spielherstellung), das im Laufe des Schuljahres immer wieder eingesetzt wird.

Wer kennt sich aus beim Thermometer?	**KV 5**

Wir wissen: Wenn es warm wird, steigt die Säule, wenn es kalt wird, fällt sie. Bei Schnee oder Eis kann sie ganz tief fallen. Im brennenden Feuer kann es leicht über 100 Grad heiß sein.
Ein Thermometer kann uns auch vor Glatteis warnen: Es zeigt uns die Kälte an. Wir müssen nur schauen.

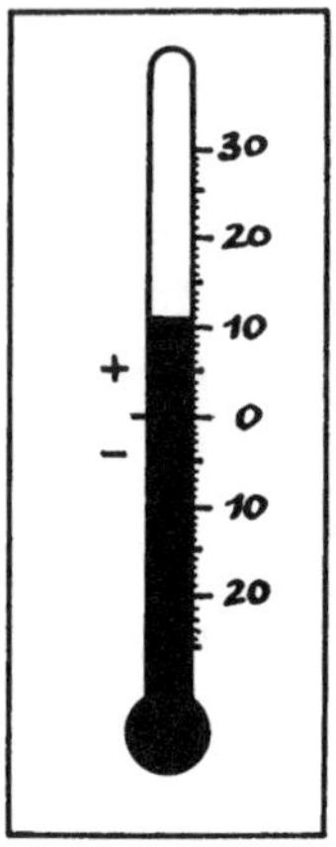

① Schreibe jedes Wort einmal in Schreibschrift auf.

Feuer, Schnee, bei, leicht, tief, steigen, fallen, wissen, brennen, warnen, schauen, zeigen, Glatteis, Kälte.

② Ergänze diese Tunwörter und schreibe von jedem Wort eine Zeile.

stei_________, war_________, zei_________, fal_________,

schau_________, wis_________, bren_________

③ Suche die Namenwörter, setze die Begleiter davor und schreibe von jedem eine Zeile.

④ Ordne alle Wörter des Textes nach dem Abc.

⑤ Welche Wörter haben nur eine Silbe? Schreibe sie auf.

Spiel „Wer wird unser Gesundheits-Profi?"

(aus G. Breuer: Freie Arbeit im 1. und 2. Schuljahr. München 1989, S. 160f.)

Ziel: Anbahnen der Einsicht, dass gesunde Ernährung und Hygiene (verbunden mit Abhärten) hilft Krankheiten vorzubeugen.
Material: Spielplan (Kopiervorlage KV 6), Ereigniskarten mit positiven und negativen Verhaltensweisen (KV 7), Spielsteine (Radiergummi etc.)
Hinweise: Wer durch Würfeln auf ein Ereignisfeld (Quadrat) kommt, zieht eine Karte. Wer auf ein Pfeilfeld gerät, muss den Umweg wählen.
Die Ereignisfelder können in zwei unterschiedlichen Farben ausgemalt werden, z. B. blau = positive Ereigniskarten, rot = negative Ereigniskarten.
Es ist alternativ auch möglich, die Ereigniskarten gemischt einzusetzen, sodass dem Besetzer eines Ereignisfeldes unbekannt ist, ob er eine positive oder eine negative Maßnahme ergreifen muss. Um im Spiel möglichst viele Themenbereiche anzusprechen und seine Durchführung abwechslungsreich zu gestalten werden mehr Ereigniskarten vorbereitet, als für einen Durchgang erforderlich sind.

Weiterführung

- *Durch Abhärten einer Erkältung vorbeugen*

Unterrichtsgespräch und Eintragen der Ergebnisse in zwei Spalten an der *Tafel:*

So kann ich meinen Körper abhärten:	So wird mein Körper geschwächt:
– Wechselduschen	– warme Wannenbäder
– im kühlen, gelüfteten Raum schlafen	– im geheizten Raum schlafen
– Bewegung an frischer Luft	– oft und lange fernsehen
…	…

Zusammenfassung: Der Wechsel von Wärme und Kälte ist das Geheimnis der Abhärtung. Wer abgehärtet ist, erkältet sich nicht so leicht.

- *Sachtext*

Wie bekomme ich eine Erkältung?

Die Krankheitserreger (Viren) für die Erkältung sind ganz winzig klein. Du kannst sie nur unter einem Vergrößerungsglas sehen. Sie schwirren überall herum: in der Luft, auf der Haut, auf Türklinken und in unserem Atem, wenn wir erkältet sind. Dem gesunden Körper macht das überhaupt nichts aus. Er hat eine ganz starke Abwehrkraft: die „Gesundheitspolizei" (weiße Blutkörperchen).

Wer wird unser Gesundheits-Profi? KV 6

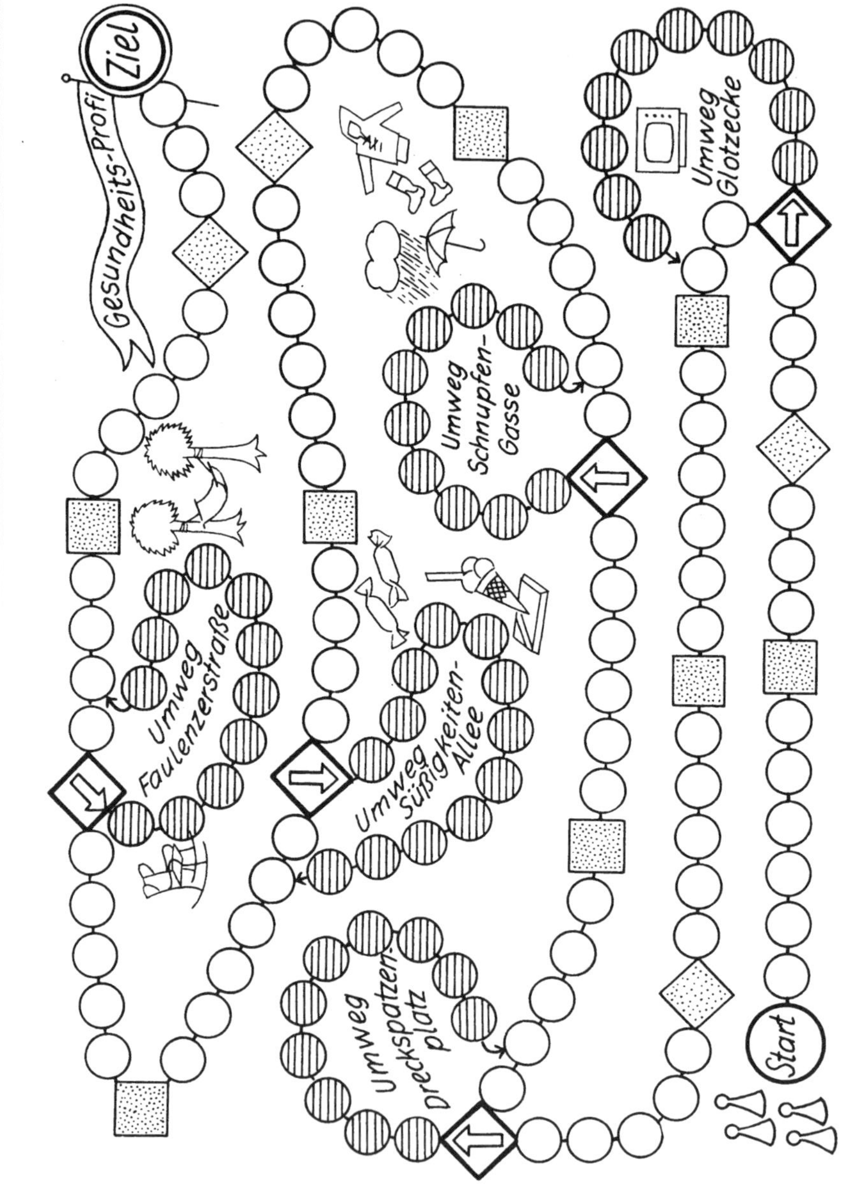

Ereigniskarten

KV 7

Positiv

Weil du dreimal täglich deine Zähne putzt, darfst du nochmal würfeln.

Du isst abends nach dem Zähneputzen nichts Süßes mehr. Du darfst 3 Felder vorrücken!

Weil du jedes halbe Jahr zum Zahnarzt gehst, darfst du 5 Felder vorrücken!

Du hast vor dem Essen das Händewaschen nicht vergessen. Du darfst noch zweimal würfeln!

In der Pause isst du Obst und oft rohes Gemüse. Du darfst 3 Felder vorrücken!

Vor dem Essen wäschst du immer das Obst. Du darfst noch einmal würfeln!

Bevor du zur Schule gehst, frühstückst du in Ruhe. Du darfst noch zweimal würfeln!

Weil du nie fremde Hunde streichelst, darfst du 4 Felder vorrücken!

Du isst öfter am Tag, aber immer nur wenig. Du darfst ein Feld vor!

Du trinkst gerne Milch. Du darfst nochmals würfeln.

Du wäschst dich gründlich. Gehe 2 Felder vor.

Du duschst zuerst warm, dann kalt. Würfle noch einmal.

Du gehst jeden Tag draußen spielen und ziehst zum Wetter passende Kleidung an. Gehe 3 Felder vor.

Du lässt frische Luft in das Schlafzimmer. Gehe 1 Feld vor.

Du willst dich abhärten, indem du draußen Sport treibst. Würfle noch einmal.

Negativ

Du hast vergessen deine Zähne zu putzen. 4 Felder zurück!

Du isst abends nach dem Zähneputzen oft noch Süßes. 2 Felder zurück!

Du gehst nicht regelmäßig zum Zahnarzt, sondern nur wenn du Schmerzen hast. Auf eine Eins warten!

Du vergisst oft vor dem Essen die Hände zu waschen. Auf eine Sechs warten!

In der Pause wirfst du dein angebissenes Brot in den Abfallkorb. 4 Felder zurück!

Du schleckst in der Pause Süßes. 4 Felder zurück!

Du frühstückst nicht zu Hause, sondern kaufst auf dem Schulweg eine Zuckerbrezel. Eine Würfelrunde warten!

Du wäscht dir nie die Hände, wenn du mit Tieren gespielt oder ihren Käfig gesäubert hast. Eine Würfelrunde warten!

Du schlingst dein Essen hastig hinunter. Eine Würfelrunde warten!

Du isst jeden Morgen nur ein Nutellabrot. Gehe drei Felder zurück.

Du spritzt nur etwas Wasser ins Gesicht. Gehe 2 Felder zurück.

Duschen findest du grässlich. Gehe 4 Felder zurück.

Nachmittags sitzt du vor dem Fernseher und futterst Chips. Warte auf eine 6.

Du schläfst im geheizten Raum bei geschlossenem Fenster. Warte auf eine 1.

Du willst dich abhärten und gehst bei strengem Frost ohne Mütze spazieren. Gehe 4 Felder zurück.

Wenn dein Körper aber geschwächt ist, ist auch die „Gesundheitspolizei" nicht mehr stark genug. Du bist vielleicht nicht ausgeschlafen, hast nasse Füße bekommen, hattest einmal keine Mütze auf und hast dich dazu auch noch einseitig ernährt.
Schon sind die Krankheitserreger stärker als du und die Erkältung ist da! Dir läuft die Nase, du hast Halsweh und du fühlst dich schwach und müde.

(Verfasser und Quelle unbekannt)

- *Plakat (Ergebnisdarstellung)*

Das kann ich tun, wenn ich erkältet bin

Beim Niesen die Hand vorhalten!

Oft das Taschentuch wechseln!
Gebrauchte Taschentücher nicht in den Papierkorb werfen, sondern in einem kleinen Plastikbeutel sammeln!

Heiße Getränke und Vitamin C zu mir nehmen!

Frische Luft „tanken"!

Draußen warm anziehen!

Bei Fieber das Bett hüten und den Arzt befragen!

2.2 Wir bleiben im warmen Zimmer

Stundenbild: Die Holzhacker und die Nussknacker

(Musik 3./4. Schuljahr)

Wir sitzen am warmen Ofen
und naschen die süßen Kern.
Die Holzhacker müssen hacken,
die Nussknacker müssen knacken,
denn das mögen wir gern.

Und gehen wir dann zum Rodeln,
zum Eislaufen auch hinaus.
Die Holzhacker müssen hacken,
die Nussknacker müssen knacken,
dass es warm bleibt im Haus.

(aus Hans Behringer u. a.: Singen, Spielen, Tanzen. Bamberg 1961, S. 40)

Das Lied „Die Holzhacker und die Nussknacker" ist ein schwungvolles Winterlied im *3/4–Takt,* das zum Bewegen oder Spielen geradezu auffordert. Der Tonraum entspricht der kindlichen Tonlage.
Voraussetzung bei der rhythmischen Arbeit ist, dass die Schüler mit Grundbausteinen vertraut sind und diese umsetzen können. Hier wurden in vorausgegangenen Stunden *Wertsilben* nach *Pierre van Hauwe* eingeführt.
Diese sind im Vergleich zu Namen, Tiernamen etc. neutral und können so bei jedem Lied eingesetzt werden.

Wertsilben

Hinführung: Singen eines bekannten Liedes im 3/4-Takt

Zielangabe: Heute habe ich euch ein neues Lied, ein Winterlied, mitgebracht.

Erarbeitung

1. *Stimmbildungsübungen* (Lehrer und Schüler stehen)

Lehrer: Im Winter ist es schrecklich kalt.

– sich vor Kälte schütteln
– brrr (Lippen)
– huhh

Lehrer: Unser Atem beschlägt die Scheiben.
– hauchen
– blasen
Lehrer: Jetzt ist wieder Plätzchen-Zeit.
– mhhh
– schnuppern
Lehrer: Von weitem höre ich Glocken klingen.
– ding dong (Quartsprung)
– ding dang dong (Dreiklang abwärts)
Lehrer: Leise höre ich eine Flöte spielen.
– dü dü
Lehrer: Jetzt spielt eine Klarinette.
– dua dua
Lehrer: Kinder lachen.
– la la la usw.
Der Lehrer singt jeweils die Melodiezeile „die Holzhacker müssen hacken, die Nussknacker müssen knacken" auf verschiedenen Silben vor und die Schüler singen nach.

2. *Rhythmus-Text*
Kurzes Lehrer-Schüler-Gespräch über Sachen, die wir im Winter gerne mögen: ... Nüsse, warme Stuben...
Lehrer: Zwei helfen uns dabei: Die Holzhacker und die Nussknacker *(Tafelbild* (1)*).*
Die Wörter werden rhythmisch von laut bis flüsternd gesprochen. Anschließend sollen die Schüler rhythmische Bausteine richtig auswählen und zuordnen *(Tafelbild* (2)*).*
Dann werden die *Wertsilben* (3) gesprochen und es wird dazu geklatscht.
Nun wird der Refrain „Die Holzhacker müssen ..." (4) rhythmisch und in verschiedenen Lautstärken gesprochen.
Das Wort „hacken" wird dabei mit einer *Trommel* begleitet, das Wort „knacken" mit *Klanghölzern.* Die Klasse teilt sich in eine *Holzhacker-* und in eine *Nussknackergruppe.* Der Lehrer gibt abwechselnd einer Gruppe den Einsatz. Bei dem Wort „hacken" ist nur die Trommel zu hören usw.
Wiederum werden die rhythmischen Bausteine dazu ausgewählt und es wird dazu geklatscht und mit Wertsilben gesprochen. Analog werden die noch fehlenden Liedteile *(Tafel* (5) *und* (6)*)* erarbeitet.

Tafelbild

Die rhythmischen Bausteine werden ungeordnet an einer Seitentafel angeboten.

3. Melodie

Lehrer legt eine *Folie* mit Melodie und Text auf.

Ein Schüler zeigt mit, während der Lehrer die 1. Strophe vorsingt.

Wer mag, darf leise mitsummen.

Lehrer: Wir wollen unser Lied im Dreiertakt begleiten (patschen, klatschen, schnalzen).

Lehrer: Du hast sicher schon bemerkt, wo wir besonders aufpassen müssen.

Schüler: Bei den Sprüngen ...

Begründen der Antworten.

Der Lehrer markiert die Stellen auf der Folie.

Lehrer und Schüler singen die 1. Strophe und bewegen sich dazu im Takt: Auf 1 in die Knie gehen – Oberkörper gerade – die Arme schwingen gleichmäßig mit; so gelingen die Sprünge nach oben, also die hohen Töne, mühelos.

Nach der Erarbeitung der 1. Strophe werden die beiden anderen Strophen gesprochen, geklatscht und gesungen. Um Melodie und Text zu festigen spielt der Lehrer die Melodie auf der Flöte vor. Bei Unterbrechung sollen die

Schüler die Textstelle zeigen. Eine weitere Möglichkeit ist: Der Lehrer singt, unterbricht; die Schüler singen weiter *(Folie).*

Ausklang
Alle drei Strophen werden gesungen und mit *Trommel und Klanghölzern* begleitet. Die „Nichtinstrumentalisten" spielen das „Hacken" und „Knacken". Der Lehrer begleitet auf der Gitarre oder auf dem Klavier.

Stundenbild: Heizen früher und heute *(Sachunterricht Lesen 3./4. Schuljahr)*

So heizte Urgroßmutter die Stube *(1. Lerneinheit)*

Lernziele:
Die Schüler sollen den Vorgang des Heizens als Verbrennung kennen lernen. Sie sollen

- ihr Vorwissen über das Heizen in früherer Zeit einbringen
- die Stoffe Papier, Holz, Kohle nach Verbrennungskriterien (Entflammbarkeit, Brenndauer) unterscheiden
- auf Verwendungsbedingungen beim Heizvorgang schließen
- ein Feuer nach den erarbeiteten Kriterien entfachen
- über Gefahren nachdenken

Unterrichtsverlauf
Hinführung
Kurzes Gespräch: Wenn es draußen kalt ist, freut man sich nach Hause zu kommen. Und das hat seinen Grund! – Es ist angenehm warm. – Schon im Flur kann man den Mantel ausziehen ... Aber das war nicht immer so! – Früher musste man erst den Ofen anheizen ... Weißt du, wie das geht?

Vorwissen einbringen
Die Schüler nennen Materialien, Bedingungen (?) und beschreiben den Vorgang des Einheizens – aber vermutlich wenig geordnet, unvollständig und im Detail nicht richtig.
Zu den Beiträgen werden vorbereitete Wortkarten ungeordnet an die Tafel gehängt.

Problemgewinnung
Ihr habt offensichtlich alle eine Ahnung, wie ein Ofen geschürt werden muss – aber ob bei jedem gleich ein Feuer brennen könnte, ist doch fraglich. Wir wollen einige Fragen sammeln, die Ordnung in das Ideendurcheinander bringen!
Im Unterrichtsgespräch werden folgende *Fragen* entwickelt:

WAS brauchen wir um einzuheizen?
WIE muss das Material vorbereitet werden?

WELCHE REIHENFOLGE müssen wir beachten?
WELCHE zusätzlichen BEDINGUNGEN sind wichtig?

Damit unser Ergebnis nicht nur aus Behauptungen besteht, setzen wir hinter jede Frage noch ein WARUM? Das erinnert an die notwendigen Begründungen.

Erarbeitung

- *Stichwort „WAS?"*

Mögliche Materialien nennen und zeigen (Schüler/Lehrer; nur in „fraglichen" Fällen – wenn die Schüler sich nicht sicher sind über die Brennbarkeit – sollten Versuche gemacht werden. Aus Sicherheitsgründen *Demonstrationsversuche!* Sie sind gut sichtbar, wenn man in Jenaer Glasformen (Kochgeschirr!) arbeitet.

Ergebnistabelle (Tafelanschrift/Hefteintrag oder Arbeitsblatt):

Material	brennt sofort	brennt langsam	glüht lange	glimmt	brennt nicht	…

- *Stichwort „WIE?"*

Brennbare Materialien werden weiter untersucht, z. B. Zeitungspapier eng gefaltet, gestapelt oder locker zerknüllt, dickes Holzscheit oder feine Späne, (Holz-)kohle mit Streichholz anzünden oder längere Zeit auf glühendem Holzstück liegen lassen …

Ergebnistabelle (oben, Fortsetzung):

…	gut brennbar, wenn:

- *Stichwort „WELCHE REIHENFOLGE?"*

Als Schlussfolgerung aus den oben fixierten Beobachtungen sollen die Schüler den Vorgang des Einheizens mithilfe eines Lückentextes entwickeln. Die Gestaltung des Lückentextes ermöglicht leistungsdifferenziertes, selbstständiges Arbeiten.

Differenzierte Arbeitstexte

Gruppe 1

Locker zerknülltes ____________________ brennt leicht und gibt eine hohe Flamme. Diese kann dünne ____________________ in Brand setzen. Die Temperatur steigt, sodass

bald auch dicke ________________ Feuer fangen. Ihre heiße Glut entzündet zuletzt auch ________________ .
Die fehlenden Wörter findest du in der Tabelle.
(Lösung: Zeitungspapier, Holzspäne, Holzscheite, die Kohlen)

Gruppe 2

Locker ________________ ________________ brennt ____________ und gibt eine hohe Flamme. Diese kann ______________________________ in Brand setzen. Die ______________ ______________ , sodass bald auch ______________ ______________ Feuer fangen. Ihre heiße ______________ entzündet zuletzt auch ______________ .

Brennmaterial: siehe Tabelle
Weitere Wörter: leicht, dünn, dick, steigen, zerknüllen, Temperatur, Glut

Zunächst sollte eine Selbstkontrolle (siehe Hinweise) erfolgen, dann eine zusammenfassende Darstellung an der Tafel oder auf Folie.
Wenn möglich schließt eine gemeinsame Überprüfung durch einen „Anheizversuch“ den Lernschritt ab. Ideal ist es, wenn im Schulgelände (Garten des Hausmeisters?) ein offener Kamin vorhanden ist, evtl. kann im Schulhof ein kleines Lagerfeuer gemacht werden.

- *Stichwort „WELCHE BEDINGUNGEN?“*

Folienbild:

Overlay-Folie:

Peter hat alles wunderbar beachtet – aber er bringt kein Feuer zustande. Zunächst flammt sein Streichholz auf, auch das Papier beginnt noch zu brennen – aber das Holz zischt nur, glimmt, sprüht Funken, dann verlischt das Feuer und Rauch kommt ins Zimmer. Je öfter Peter es versucht, desto dichter werden die Rauchschwaden (Overlayfolie!).
Vermutungen: Das Holz ist nass. Das Feuer hat zu wenig Luft.
Versuche: – Nasses Holz (Späne, dünne Holzscheite)
– Versuch zur Luftzufuhr (s. Abb. S. 75)

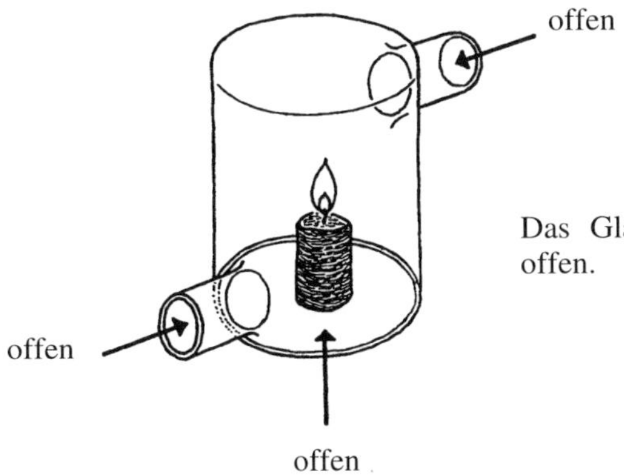

Das Glasgefäß (Physiksammlung) ist unten offen.

Ergebnisfixierung
Alle *Brennmaterialien* müssen *trocken* sein. Sie müssen *locker übereinander* liegen, damit das Feuer *Luft* bekommt. Der Ofen braucht *Luftzufuhr* und einen *guten Abzug*, damit das *Feuer brennen* und der *Rauch entweichen* kann.
(Kursiv gedruckte Wörter sind von den Schülern in den Lückentext einzusetzen.)

Zusammenfassung
Lesetext „Feuer" von *Ursula Wölfel* (aus: Bausteine Deutsch. Lesebuch 4. Jahrgangsstufe. Frankfurt a. M. 1987, S. 66)
Inhalt: Kinder verbrennen bei starkem Wind Kartons auf einem abgeernteten Feld; nur mit Mühe kann ein Brand verhindert werden.
Auswertung: Gefahren beim Umgang mit offenem Feuer; Warnung vor „eigenen Versuchen" zur Verbrennung, zum Feuermachen …
Sicherheitserziehung! Telefonieren in Notfällen!

Heute sorgt die Zentralheizung für gemütliche Wärme in der Wohnung
(2. Lerneinheit)

Orientierendes Lernen
- Wo steht denn bei uns der Ofen?
  Vorwissen einbringen zum Stichwort „Zentralheizung"
  Wenn möglich: Eine Führung durch den Hausmeister zum Heizungskeller der Schule.

Skizze zum Thema „Zentralheizung" im Gespräch erläutern und beschriften:

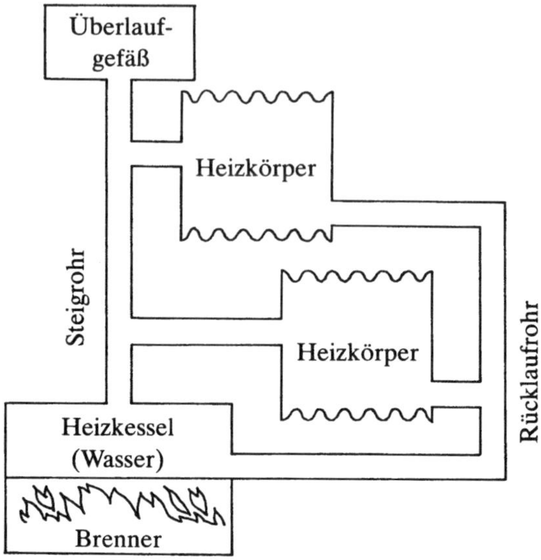

- Nicht überall wird mit Holz und Kohle geheizt.
  Unterrichtsgespräch und Entwicklung der *Tafelanschrift* (Seitentafel oder Plakat):

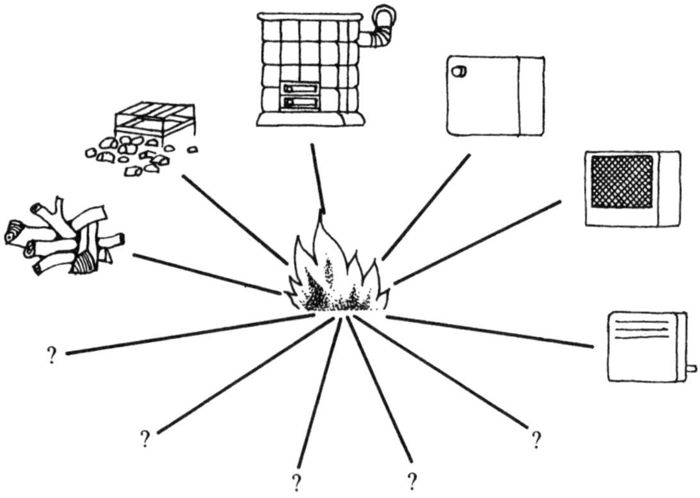

Die Schüler sollen selbst weitere Informationen beschaffen (Eltern … befragen, Bücherei …), diese Informationen knapp notieren, evtl. auch zeichnen, sie im Verlauf der nächsten Zeit (auch längerer Zeitraum!) in die Tafelanschrift einfügen, z. B.:

- Irische Bauern heizen mit Torf.
- Nomaden in Afrika verbrennen Kamelmist.
- Eskimos …

- Ein Unterrichtsgespräch über Vor- und Nachteile unserer Zentralheizungen im Vergleich zur früheren Ofenheizung kann überleiten zu

Umweltfreundlich heizen – du kannst mithelfen!
(3. Lerneinheit)

Einleitendes Unterrichtsgespräch über Probleme beim Heizen: Kosten, Verbrauch der Brennmaterialien, Umweltbelastung durch Abgase und Abfallstoffe …
Problemgewinnung
Was können wir in der Heizzeit beachten, um Energie zu sparen und gleichzeitig die Umwelt zu schonen?

Erarbeitung mithilfe eines Textes

Familie ______________
Wie bequem ist doch eine Zentralheizung! Jedes Jahr pünktlich am 1. Oktober wird bei Familie ______________ die Heizung aufgedreht, bis zum 1. Mai braucht keiner mehr einen Handgriff zu tun. Bei Tag und Nacht, am Wochentag und am Sonntag, sogar während Familie ______________ ein paar Tage Skiurlaub macht, ist es mollig warm in allen Räumen. In der Nacht reicht für Familie ______________ ein dünnes Laken zum Zudecken, tagsüber kann man kurzärmelig gekleidet sein. Zu heiß wird es bei Familie ______________ nicht, denn einige Fenster sind immer gekippt. Das ist auch praktisch, weil kein Zug entsteht, wenn die Kinder die Haustüre offen lassen, solange sie draußen spielen. Ja, die Heizung ist für Familie ______________ kein Problem!

Arbeitsaufträge
Gruppe 1: Gebt der Familie einen treffenden Namen.
Unterstreicht, was die Familie alles falsch macht.
Schreibt Verbotsschilder (aus Zeichenpapier vorbereitet), was die Familie nicht machen darf.
Gruppe 2: Gebt der Familie einen treffenden Namen.
Unterstreicht, was die Familie alles falsch macht.
Schreibt Gebotsschilder (aus Zeichenpapier vorbereitet), was die Familie beachten soll.
Wie wird die Familie heißen, wenn sie alle Ratschläge beachtet?

Zusammenfassendes Unterrichtsgespräch
Arbeitsergebnisse in der Art eines *Mobiles* aufhängen:

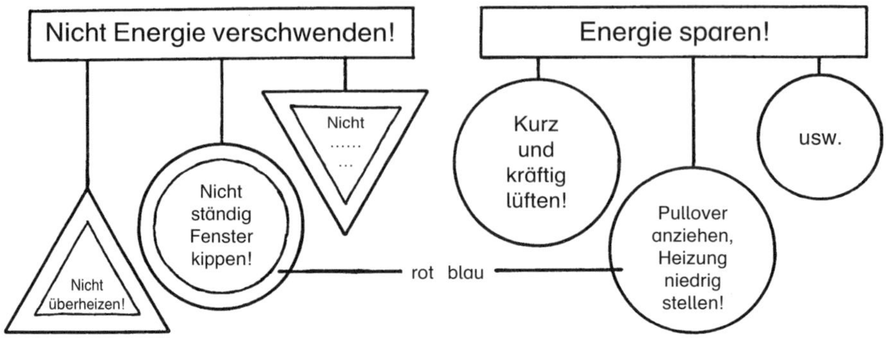

Anschlussmöglichkeiten
1. Lesen

Das Feuer

Hörst du, wie die Flammen flüstern,
knicken, knacken, krachen, knistern,
wie das Feuer rauscht und saust,
brodelt. brutzelt. brennt und braust?

Siehst du, wie die Flammen lecken,
züngeln und die Zunge blecken,
wie das Feuer tanzt und zuckt,
trockne Hölzer schlingt und schluckt?

Riechst du, wie die Flammen rauchen,
brenzlig, brutzlig, brandig schmauchen,
wie das Feuer, rot und schwarz,
duftet, schmeckt nach Pech und Harz?

Fühlst du, wie die Flammen schwärmen,
Glut aushauchen, wohlig wärmen,
wie das Feuer, flackrig-wild,
dich in warme Wellen hüllt?

Hörst du, wie es leiser knackt?
Siehst du, wie es matter flackt?
Riechst du, wie der Rauch verzieht?
Fühlst du, wie die Wärme flieht?

Kleiner wird der Feuersbraus:
ein letztes Knistern,
ein feines Flüstern,
ein schwaches Züngeln,
ein dünnes Ringeln –
aus.

James Krüss

(aus: Mein Lesebuch 4B. München o. J., S. 30)

Grobziel:
Die Schüler sollen das Gedicht inhaltlich und formal erfassen, es klanggestaltend und visualisierend darbieten.
Feinziele: Die Schüler sollen
- feststellen, dass in den ersten vier Strophen die sinnliche Wahrnehmung des Feuers (hören, sehen, riechen/schmecken, fühlen) beschrieben wird
- inhaltlich und aufgrund der äußeren Form in den beiden letzten Strophen das langsame Verlöschen des Feuers nachvollziehen

- lautmalerische Elemente entdecken und sie klanggestaltend umsetzen
- den formalen Aufbau des Gedichtes durch Schreibgestaltung verstärken
- Freude am Gedicht finden

Einstimmung
- Am besten an einem offenen Feuer (Gartenkamin, Grill, ein kleines Lagerfeuer am Schulgelände), Eindrücke zu den Sinneswahrnehmungen versprachlichen.
- So ein Feuer ist wunderschön. Auch der Dichter James Krüss ist ganz begeistert davon – du merkst es, wenn du dich in sein Gedicht vertiefst.

Textbegegnung und Textanalyse I
- Die ersten vier Strophen werden auf vier Gruppen aufgeteilt. Erlesen, Klärung nach Möglichkeit im Gruppengespräch; Lese- und erste „Gestaltungs"versuche in den Gruppen
- Textvortrag (4 Strophen, ungeordnet) durch die Gruppen
- Inhaltliche Klärung insbesondere von einzelnen Wörtern
- In jeder Strophe erzählt James Krüss vom Feuer. Jedesmal ist ihm etwas anderes wichtig: Wie man Feuer sieht, hört ...

Textbegegnung und Textanalyse II
- Die ersten vier Strophen sind noch ungeordnet. Ihre Reihenfolge erfährst du aus Strophe 5
- Strophe 5 erzählt auch selbst etwas über das Feuer! (Abklingen des Feuers)
- Sicher kannst du dir denken, wie James Krüss zu Ende dichtet!
  Antizipation, dann Lesen und Klärung von Strophe 6

Klanggestaltung
- Laut, dann immer leiser werdend (Feuer brennt, verlöscht...)
- Deutliches Artikulieren der charakteristischen Laute in den einzelnen Strophen
- *Textuntermalung:* Je Strophe (1–4) ein Sprecher sowie durch Kleingruppen untermalende Geräusche, z. B.:
  Strophe 1/Zeile 1: Das Wort „flüstern" wird aufgenommen und leise während der folgenden Zeilen rhythmisierend mitgesprochen.
  Zeile 2: Die vier Wörter werden weiterhin wiederholt.
  Zeile 3: Lange Sch–Laute aufnehmen ...
  Zeile 4: Wiederholen
  Diese Geräusche können auch nach dem Ende der Strophe noch etwas fortgesetzt werden.
  Entsprechende Darbietungsformen für die Strophen 2–4.
- Klanggestaltende Gesamtdarbietung

Visualisieren
- Lokalisieren der Stropheninhalte (1–4, vom Feuerkern nach außen sich verteilend …)
- Gestaltungsformen (evtl. auch Farben) überlegen („Holzscheite", „Flammen", „Rauchschwaden", „raumfüllende Wärme"…)
- Formatüberlegungen für Strophe 1–4, 5, 6 (7)

Mögliches Ergebnis:

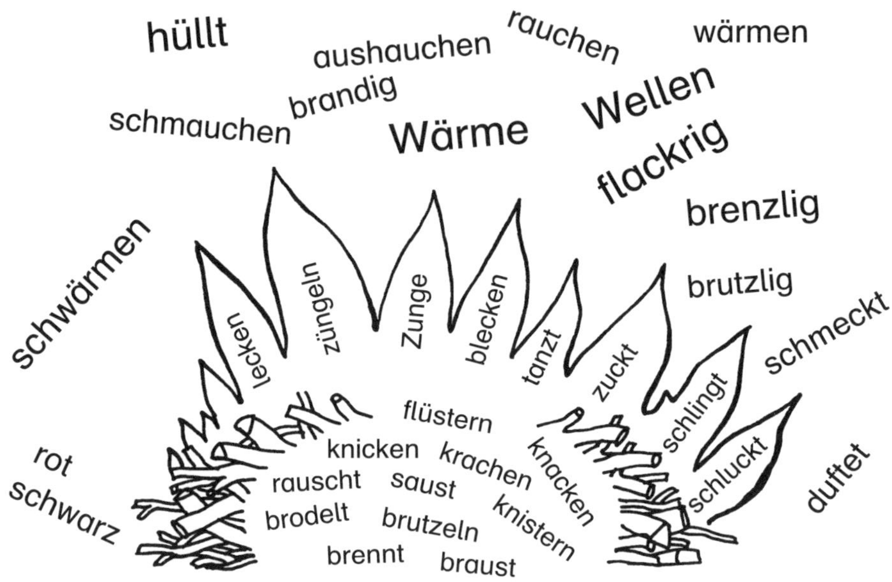

2. *Kunsterziehung*
Gemütliches Kaminfeuer oder (in ländlichen Gegenden): Wir schüren ein Feuer im Garten oder auf dem Feld
Material: Wasserfarben, Zeichenpapier DIN A3, dicke Pinsel
Kaminfeuer: Wir stempeln den aus Steinen gebauten Kamin (Kartoffelstempel, Wasserfarben braun, grau, schwarz) und gestalten das Feuer.
Vorarbeit: 1. Wir beobachten Kerzenflammen: Flammenkern und Flammenmantel
2. Wir überlegen die Farben: Farbabstufungen und Mischfarben: rot, orange, gelb
3. Wir besprechen die Flammenformen: Darstellung des Züngelns in der Bewegung von unten nach oben

Die *Gestaltungsaufgabe* liegt in der Abstufung der Farben, im Herstellen vieler verschiedener Farbtöne und im Gestalten der Flammenformen und Flammenbewegungen.

3. Das alte Jahr ist vergangen – ein neues Jahr beginnt

3.1 Silvester – Neujahr

Lehrerinformation

Der 31. Dezember ist Namenstag von Papst Silvester I (der Tag gilt als sein Todesdatum im Jahr 335). Er ist jener Papst, in dessen Pontifikat das Christentum öffentlich Bedeutung gewann. Das Brauchtum hat jedoch nichts mit diesem kirchlichen Datum zu tun. Am 31. Dezember ist Jahresschluss.
„Wendefeste", in denen mit Lärm und Krach Dämonen abgewehrt, aber auch die Freude über Vergangenes und Zukünftiges demonstriert werden, sind in allen Kulturkreisen bekannt. In diesem Sinn begehen wir die Jahreswende mit Feuerwerk, Tanz und ausgelassenen Festen.
Zukunftsorakel und -beschwörungen, gute Wünsche und Vorsätze begleiten vielfach den Neubeginn. Mit *Bleigießen* und in verschiedenen bäuerlichen Befragungs- und Orakelformen will man vorausahnen, was das neue Jahr bringen wird.
Glücksbringer und gute Wünsche suchen die Zukunft zu beeinflussen: *der Pfennig* oder *die Schuppen* des Silvesterkarpfens im Geldbeutel sollen ihn niemals leer werden lassen; *das vierblättrige Kleeblatt* soll die (glückliche) Ausnahme zum ständigen Begleiter machen. Das *Glücksschwein* ist ein Relikt aus Wettlaufbräuchen: der Letzte durfte als Trostpreis ein Schwein nach Hause tragen (es war also eher Spott oder doch zumindest ein „zweifelhafter" Lohn); in diesem Sinn bedeutet „Schwein haben" also „unverdient und unverhofft Glück haben".
Erste *Kartenwünsche* sind auf Andachtbildern von „Einblattkalendern" zu finden, die schon bald nach der Erfindung des Buchdrucks von Klöstern zu Neujahr verschenkt wurden.
Nichtreligiöse, gedruckte Neujahrs- (und Weihnachts-)karten wurden erstmals 1834 in England versandt.
Auch *gute Vorsätze* zum Neuen Jahr veranschaulicht das Brauchtum. So verbrennt man in manchen Dörfern die alten Besen, mit denen noch kurz vor Mitternacht das alte Jahr zur Stube hinausgefegt wurde.
In *„Patenbriefen"*, beim Besuch am Neujahrstag feierlich überreicht, fixierten Kinder und Jugendliche früher ihre Versprechungen für das kommende Jahr.
Neben dem „Wendelärm" spielen auch dezentere „Begrüßungsbräuche" eine Rolle: Ansingen, Einläuten und Empfang mit Posaunen und Böllerschüssen markieren den Neujahrstag.

(nach Weber-Kellermann: Das Weihnachtsfest. Bucher Verlag, S. 183ff.)

Stundenbild: Wir feiern Silvester
(Sachunterricht/Lesen/Mündlicher Sprachgebrauch 1.–4. Schuljahr)

Ziele:
- Heimatliches Brauchtum kennen- und beschreiben lernen
- Über den Hintergrund von Traditionen nachdenken
- Sinnentnahme aus einem Text
- Lineare Gestaltungsmöglichkeiten erproben

1./2. Schuljahr
Hinführung durch einen Text zum Vorlesen oder Lesen

Was man bei uns am 31. Dezember sagt

Der Vater sagt: „Denkt einmal, Kinder, vorhin war ein armer Mann bei mir, der hatte so viele Nasen wie noch Tage im Jahre sind!" Die Mutter sagt: „Noch ein wenig Suppe, Alfred? Du kriegst sonst in diesem Jahr keinen Löffel voll mehr." In der Küche schneidet Karoline ein Stück Leberwurst ab – gar nicht sehr groß – und sagt: „Damit kommen wir nun aus bis nächstes Jahr." Und Alfred legt seine Tafel fort und ruft: „So, jetzt mache ich im ganzen Jahr keine Rechenarbeit mehr, verlasst euch darauf!" Mariele bindet ihrer Puppe eine reine Schürze vor und sagt: „Hörst du wohl, die muss nun frisch und rein bleiben bis nächstes Jahr!"
Und unser allerkleinstes Fritzchen gähnt, da sagt die Mutter: „Jetzt muss mein Bub schlafen, schlafen! Erst nächstes Jahr darf er die Guckaugen wieder aufmachen!"
Ja – solchen Unsinn sagen sie alle am 31. Dezember und – denk einmal – sie haben alle Recht!

Berta Mercator

(aus: Mein Lesebuch 2. Jahrgangsstufe. München 1979, S. 182)

Unterrichtsgespräch
Kann das stimmen, was in der Geschichte behauptet wird? Der 31. Dezember ist ein besonderer Tag. Was ändert sich wirklich? Warum feiern die Leute? Wie feiert ihr zu Hause den Jahreswechsel?

Gestaltung

- *Erstschreiben: Beidhändige Schwungübungen*

Nach der Schilderung der Silvesterraketen schreiben die Kinder beidhändige Schwünge an die Wandtafel bzw. auf großformatiges Papier. Dabei ist auf Gleichmäßigkeit und Zügigkeit zu achten – evtl. durch einen Sprechvers rhythmisieren („Hurra, ein tolles Feuerwerk"). Um ein Wegrutschen des Papiers und damit verkrampftes Schreiben zu vermeiden sollte das Papier mit Tesakrepp am Tisch festgeklebt oder vom Partner mit beiden Händen gehalten werden (der Partner steht dann vor dem Tisch!).

• *Kunsterziehung: Pusteraketen*
Auf schwarzes Tonpapier werden sehr wässrige Farbflecken gesetzt (Farbe mit Deckweiß gemischt) und mit Trinkhalmen verblasen. Auf möglichst lineare Gestaltung achten. Immer wieder Pustepausen einlegen, da sonst Gefahr der Hyperventilation!

3./4. Schuljahr
Hinführung: Zifferblatt einer Uhr, die Zeiger stehen kurz vor 12
Gespräch: Silvesternacht – Brauchtum – Feier bei uns zu Hause

Erarbeitung
Was wird eigentlich gefeiert? Das Ende des alten oder der Beginn des neuen Jahres?
Tafelanschrift:

Silvester – Wir feiern

das Ende des alten Jahres	den Anfang des neuen Jahres

Brauchtums- und Feierelemente, die die Schüler nennen, nach kurzen Erläuterungen und Begründungen im Unterrichtsgespräch einordnen

Lesetext

Warum heißt der Januar *Januar?*

Vor langer Zeit glaubten die Menschen an mehrere Götter. Einer davon hieß Janus. Er hatte *einen* Kopf, aber, was selbst bei Göttern selten vorkommt, zwei Gesichter. Eines blickte nach vorne und eines nach hinten.

Er schaute vorwärts und rückwärts zugleich. Im ersten Monat des Jahres blickten die Leute nach vorne auf das Jahr, das kommen würde. Sie schauten aber auch rückwärts auf das vergangene Jahr. Sie benannten den ersten Monat des Jahres deshalb nach dem Gott Janus, der auch gleichzeitig vorwärts und rückwärts schauen konnte. Bis zum heutigen Tag heißt der erste Monat des Jahres aus diesem Grund Januar.

Alfons Schweiggert

(aus: Sprache lebt – Lesebuch 2. München 1989, S. 155)

Rückfragen und Aussprache zum Text
Ergebnis: Eigentlich passt der Januskopf gar nicht für den ganzen Monat Januar, sondern am besten für die Silvesternacht!

Gestaltungsmöglichkeiten

- *Faltschnitt„Januskopf"*

Zeichenblatt in der Mitte falten und mit Tesafilm an der Tafel befestigen. Schattenbild des eigenen Profils (Overheadprojektor, Diaprojektor) formatgerecht auf der Blatthälfte anordnen (Falz beim Hinterkopf – etwa Ohrlinie); der Partner zeichnet die Umrisslinie. Ausschneiden, auffalten, auf kontrastierenden Hintergrund kleben.

- *Klappschnitt„Januskopf"*

Das Blatt wird nicht gefaltet, ansonsten Zeichenvorgang wie oben. Beim Ausschneiden darauf achten, dass die abgeschnittene Randkontur unversehrt bleibt. In Positiv-Negativ-Technik auflkleben.

Beide Arbeiten können mit Texten ergänzt werden:
Was ich vom alten Jahr in guter Erinnerung behalte – Was ich mir für das neue Jahr wünsche und vornehme.

- *Wachsgraffito „Feuerwerk"*

Material: Zeichenpapier DIN A4, Wachsmalkreiden in allen Farben und in Schwarz, Zeitungspapier als Unterlage
Zuerst wird das Zeichenblatt mit bunten Farbflecken kräftig eingefärbt (formatfüllend!), anschließend mit schwarzer Wachsfarbe überzogen. Mit verschiedenen Werkzeugen (Schaber aus dem Wachsmalkreidenkasten, Linealspitze, Streichholz ohne Kopf, Gabel ...) werden die Spuren der Silvesterraketen behutsam in die schwarze Wachsschicht gekratzt. Die darunter liegenden bunten Farben erscheinen nun als Feuerwerk am Nachthimmel.

Stundenbild: Wir wünschen Glück zum Neuen Jahr
(Sachunterricht/Lesen 2.–4. Schuljahr)

Hinführung: Lesetext

Glück fürs ganze Leben

Frau Trübswetter hatte große Angst vor Mäusen und vor Spinnen, vor Bienen, Wespen und vor Krabbeltieren, und wenn ihr eine schwarze Katze über den Weg lief, dann murmelte sie aufgeregt: „Schwarze Katze von links oder rechts – bedeutet für sieben Tage nur Schlecht's."

Traf sie dagegen einen Kaminkehrer mit Leiter, sagte sie: „Schornsteinfeger, einer mit Leiter sogar – bringt Glück für die kommende Woche, na klar!"
Nun bekam aber Sabine, die im gleichen Haus wohnte, zum Geburtstag eine kleine schwarze Katze geschenkt.
„Huh!", sagte Frau Trübswetter.
„Schwarze Katze im Haus, da ziehe ich aus – oder du mit deinem schwarzen Krallentier!", fauchte sie Sabine an.
„Sie wird sich schon noch an deine Musch gewöhnen", meinte Sabines Mutter.
Doch Frau Trübswetter dachte nicht daran.
Da kam eines Tages der Kaminkehrer ins Haus, gerade als Frau Trübswetter einkaufen war. Sabine saß mit ihrer Katze auf der Treppe.
„Was für ein hübsches Kätzchen du hast!", sagte der Kaminkehrer.
„Schwarze Katze von links oder rechts – bedeutet für sieben Tage nur Schlecht's", sagte Sabine und setzte ein Frau-Trübswetter-Gesicht auf.
„Wer sagt denn so was?", fragte der Kaminkehrer.
„Frau Trübswetter", sagte Sabine. „Und sie hat noch mehr so Sprüche auf Lager: Schornsteinfeger, einer mit der Leiter sogar, bringt Glück für die kommende Woche, na klar!"
In diesem Augenblick kam Frau Trübswetter ins Haus.
„Nun pass mal auf, gib mir das Kätzchen!", sagte der Kaminkehrer rasch zu Sabine. Und als Frau Trübswetter die Treppe heraufkam, hielt er ihr die Katze entgegen und sagte mit strahlend schwarzem Gesicht: „Schwarze Katze, mit Schornsteinfeger sogar bringt Glück fürs ganze Leben, na klar!"
Da blieb Frau Trübswetter der Mund offen stehen. Und nie mehr fauchte sie Sabine an.

Hans Baumann

(aus: Frohes Lernen 2. Stuttgart 1986, S. 66)

Erarbeitung

1. Abschnittweises Lesen und Besprechen und dabei Erarbeitung der *Tafelanschrift:*

Pech oder Glück –
das kann ich nicht!
Verschenk mich mit fröhlichem Gesicht!

Das Unterrichtsgespräch soll ergeben, dass die verschiedenen Zeichen nicht Glück bringen können, sondern nur als Symbole verwendet werden.
2. *Unterrichtsgespräch* über sogenannte Glücksbringer
Tafelanschrift:

Glücksbringer aus unserer Geschichte:
Schornsteinfeger (mit Leiter), schwarze Katze

Weitere Glücksbringer:

Glücksbringer verschenken, heißt Glück wünschen!

Gestaltung von Glücksbringern

- *Vierblättriges Kleeblatt* aus grünem Filz ausschneiden und aufkleben
- *Marienkäfer (Faltarbeit)*

Rotes Faltpapier 10 x 10 cm wie folgt falten:

1. 

2. 

3.  Ecken bis zur Spitze hoch falten

4.  zu einem Dreieck zusammenlegen und schraffiertes Feld wegschneiden

5.  aufkleben und die Unterseite auf ein Blatt aufkleben

6.  mit schwarzem Filzstift Punkte, Fühler und Füßchen zeichnen

(aus: H. Dupick-Reich: Faltarbeiten für Kinder. Freiburg 1985, S. 8f.)

• *Glückspfennig (Frottage-Technik)*
Ein Blatt über einen Pfennig legen und mit einem Bleistift darüber malen; anschließend ausschneiden und aufkleben.

• *Glückspilz*
Rotes, weißes und schwarzes Tonpapier ausschneiden und kleben.

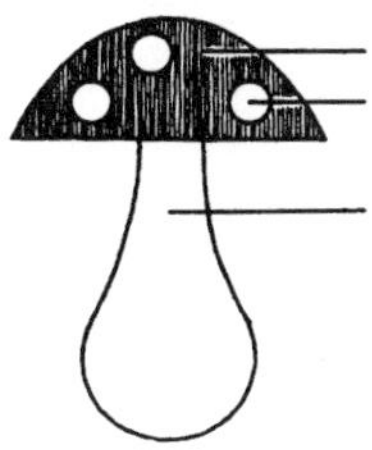

• *Glücksschwein*
In eine Zitrone (oder Körper aus Fimo) vier Streichhölzer als Beine stecken. Den Ringelschwanz aus einer Büroklammer drehen und hinten einstecken. Den Rücken einschneiden und einen Pfennig hineinstecken.

• *Hufeisen (Kohlezeichnung)*
Zeichnen, fixieren (z. B. mit Haarspray), ausschneiden und aufkleben.

• *Schornsteinfeger (einfacher Scherenschnitt)*
Material: Zeichenblatt DIN A3, Scherenschnittpapier DIN A3, Bleistift, Schere, Kleber
Einen Schornsteinfeger in Berufskleidung auf die helle Seite des Scherenschnittpapieres zeichnen. Dabei beachten, dass die Arme vom Körper weg sind. Haare, Augen, Nase und Mund nicht vergessen. Den Schornsteinfeger ausschneiden und aufkleben. Ebenso wird das Drahtseil mit der Kugel hergestellt. Für die Leiter zunächst zwei Streifen schneiden und aufkleben. Danach erst die Querleisten zeichnen und entsprechend anbringen.

(aus: Gestaltungsstunde Nr. 78. Frankfurt/M.: Als-Verlag)

Anmerkung: Glücksbringer können das ganze Jahr über verschenkt werden, z. B. bei Geburtstagen, Verabschiedungen und ähnlichen Gelegenheiten.

Anschlussmöglichkeiten
1. Schreiben: Gestalten eines Gedichtblattes
Aufschreiben eines Gedichtes und Verzieren mit Glückssymbolen

2. Schriftlicher Sprachgebrauch: Neujahrskarten betrachten
Vergleichen des Inhalts und der Form (Tafelbild), z. B.

Anrede Datum Etwas Persönliches mitteilen Der angeschriebenen Person etwas wünschen Gruß Unterschrift	Wünsche: viel Glück Gesundheit viel Erfolg Zufriedenheit ein gutes Jahr ...

Richtiges Schreiben der Adresse besprechen. Die Kinder schreiben eine Karte an einen Mitschüler oder eine andere Person.

3.2 Eine Feier zum Jahresanfang

Feiern, Feiern planen und Feiern gestalten – das gehört zum Schulleben, aber es muss schließlich nicht immer eine Weihnachtsfeier sein. Warum nicht in diesem Jahr eine *Feier zum Neuen Jahr?* Wie für alle Feiern gilt,

- dass die Planung und Organisation natürlich lange vor dem eigentlichen Termin einsetzen muss,
- dass mit den Kindern überlegt wird, mit wem gefeiert bzw. für wen gespielt wird. Denkbar wäre, dass
  - in einem nahe gelegenen Altersheim gesungen und gespielt wird;
  - dass die Eltern zu einer kleinen Feier ins Klassenzimmer eingeladen werden;
  - am zweiten Schultag nach den Weihnachtsferien eine Schulhausmorgenfeier in der Aula oder im Treppenhaus stattfindet;
  - dass ein Jahresanfangsgottesdienst, evtl. ökumenisch, mit den Geistlichen beider Konfessionen geplant wird.

Vorschlag für den Ablauf:

1. Lied zum Beginn (s. u.)
2. Kurze Ansprache des Schulleiters, des Geistlichen, des Lehrers oder eines Kindes
3. Spiel zu Neujahr
4. Überreichen der Glückssymbole für das neue Jahr an die Gäste, die Parallelklasse usw. (Glücksbringer wurden gemeinsam gebastelt)
5. Lied zum Abschluss (s. u.)

Wir wünschen… (Sprechspiel)

Jedes Kind kommt, wenn es an der Reihe ist, mit seiner Kerze nach vorne, entzündet sie an einer Kerze, sagt seinen Monatsspruch und stellt die brennende Kerze an eine vorgesehene Stelle.

1. Wir zünden dieses Licht an für den Monat Januar.
   Wir bitten um offenes und menschliches Klima unter uns und allen Menschen.

2. Wir zünden dieses Licht an für den Monat Februar.
   Wir bitten Gott um Treue und Vertrauen für alle Familien.

3. Wir zünden dieses Licht an für den Monat März.
   Wir bitten Gott um genügend Vorbilder für unsere Kinder und Jugendlichen.

4. Wir zünden dieses Licht an für den Monat April.
   Wir bitten Gott um die Keimkraft der Natur, um Regen und Sonne zur rechten Zeit.

5. Wir zünden dieses Licht an für den Monat Mai.
   Wir bitten Gott um Freude an unserer Arbeit und um Geduld bei Misserfolg.

6. Wir zünden dieses Licht an für den Monat Juni.
   Wir bitten Gott für alle, die an der Zukunft unseres Landes arbeiten:
   Sie sollen sich einsetzen für den Frieden und für alle Benachteiligten.

7. Wir zünden dieses Licht an für den Monat Juli.
   Wir bitten darum, dass wir verantwortungsvoller umgehen mit den Schätzen der Erde.

8. Wir zünden dieses Licht an für den Monat August.
   Wir bitten Gott um Umkehr für alle, denen „Gott" und „Kirche" leere Worte geworden sind.

9. Wir zünden dieses Licht an für den Monat September.
   Wir bitten Gott um genügend Platz in unserer Mitte für alle, die anders sind als wir.

10. Wir zünden dieses Licht an für den Monat Oktober.
    Wir bitten Gott um eine sichere Zukunft für unsere Kinder und um glückliche Tage für die Älteren.

11. Wir zünden dieses Licht an für den Monat November.
    Wir bitten um neue Zeichen der Hoffnung für alle, die jahrelang krank und einsam sind.

12. Wir zünden dieses Licht an für den Monat Dezember.
    Wir bitten Gott für alle Kirchen:
    Sie sollen keine Schranken aufrichten, sondern uns das Wort Gottes nahe bringen.

(aus Willi Hoffsümmer: 77 religiöse Spielszenen. Grünewald Verlag, S. 60)

Guten Morgen in diesem Haus Text u. Melodie: aus dem Sauerland

2. (Vorsinger): Und ihr Lehrer in diesem Haus!
(Lehrer): Und wir Lehrer in diesem Haus!
(Vorsinger): Ei, so wünschen wir …

3. (Vorsinger): Und ihr Schüler in diesem Haus!
(Schüler): Und wir Schüler in diesem Haus!
(Vorsinger): Ei, so wünschen wir …

4. (Vorsinger): Und ihr Mädchen in diesem Haus!
(Mädchen): Und wir Mädchen in diesem Haus!
(Vorsinger): Ei, so wünschen wir …

5. (Vorsinger): Und ihr Buben in diesem Haus!
(Buben): Und wir Buben in diesem Haus!
(Vorsinger): Ei, so wünschen wir …

6. (Vorsinger): Und ihr Freunde in diesem Haus!
(Freunde): Und wir Freunde in diesem Haus!
(Vorsinger): Ei, so wünschen wir …

(aus Watkinson/Weiß: Das Lied zum Unterricht. Bad Godesberg 1977, S. 297)

Das alte ist vergangen T. und M.: volkstümlich • S.: Karl Haus

2. Es bringt dir Heil und Segen,
viel Freuden allerwegen!

3. Frisch auf zu neuen Taten,
helf Gott, es wird geraten!

(aus: Lieder überall. München 1988: Bayer. Schulbuch-Verlag, S. 146)

3.3 Der Kalender teilt das Jahr ein

Stundenbild: Der Kalender *(Sachunterricht/Deutsch 2. Schuljahr)*

Grobziele
– den Ablauf eines Jahres überblicken
– sich im Kalender zurechtzufinden
Feinziele
– die Monate nennen, ihre Reihenfolge und die Anzahl der Tage angeben
– vorgegebene Daten im Kalender suchen
– Zeiträume festlegen können
– Zeitbegriffe (vorher, nachher, dann, früher, später) richtig gebrauchen

Verschiedene Kalender teilen das Jahr ein *(1. Lerneinheit)*

Am *Vortag* erhalten die Kinder den Auftrag einen Kalender des neuen Jahres mitzubringen.
Einstieg
Wir schauen die verschiedenen Kalender an, stellen fest, worin sie sich unterscheiden, und kategorisieren nach Merkmalen.
Erarbeitung
1. Manche Kalender haben das ganze Jahr auf e i n e m Blatt – das sind Jahreskalender; andere haben für jeden Monat ein Blatt – das sind Monatskalender; manche haben für jeden Tag im Jahr ein Blatt, das sind Tageskalender.
2. Wir zählen, wie viele Tage, Wochen, Monate das Jahr hat.

3. Jedes Kind sucht im Kalender seinen Geburtstag. Wir überlegen, wer zuerst im Jahr Geburtstag hat, wer als Nächstes usw., und erarbeiten auf diese Weise die Reihenfolge der Monate.

Das schrittweise erstellte Tafelbild dient der Ergebnisfixierung:

Der Kalender

Er sagt uns das Datum: Dienstag, 14. 1. 1992
Er teilt das Jahr ein: 365 Tage, 52 Wochen, 12 Monate.
Es gibt Tageskalender, Monatskalender und Jahreskalender.

Was jeder Monat im Jahr bringt *(2. Lerneinheit)*

Wiederholung: Die Monatsnamen und ihre Reihenfolge
Übungen
- Monatsnamen der Reihe nach und rückwärts aufsagen
- bei Mai, bei April usw. beginnend aufsagen
- Vorgänger und Nachfolger nennen
- den 7. Monat, den 4. usw. nennen
- Wortkarten mit den Monatsnamen ordnen (Partnerarbeit)
- große Wortkarten an die Kinder verteilen; die Kinder bewegen sich mit ihren Karten nach Musik im Raum, bei Musikstopp stellen sich die Kinder in der richtigen Reihenfolge auf
- Ordnungszahlen (ebenfalls auf Karten) und Monatsnamen zuordnen (am Tisch in Partnerarbeit, mit großen Karten nach Bewegung im Raum)

Einstieg
Das lange Jahr hat einen Tag.
Das lange Jahr hat einen Tag, den ich am allerliebsten mag.

Nachts um halb drei erwache ich,
lauf in den Flur und wundre mich:
Da ist es so still wie im Grab.
Weiß denn niemand, dass ich Geburtstag hab?

Angela SommerBodenburg

(aus: Lies mit 2. Hannover 1987, S. 65)

Das Gedicht kann den Kindern vorgelesen oder auf Folie über den Projektor angeboten werden. Zuerst nur die ersten beiden Zeilen um die Kinder selbst den schönsten Tag im Jahr finden zu lassen. Dann wird der Rest des Gedichtes erarbeitet und bearbeitet: Lesen des ganzen Gedichts und Einüben einer sinngemäßen Betonung (Verwunderung, Freude).
Übung am Kalender
- Jedes Kind sucht seinen Geburtstag.
- Wir ordnen die Geburtstage nach der Reihenfolge.

- An der Tafel steht ein beliebiges Datum: Wer hat vorher Geburtstag? Wer hat nachher Geburtstag?
- Auftrag: Suche im Kalender den Ostersonntag, ist dein Geburtstag dann schon vorbei? Weitere analoge Aufträge.

Erarbeitung

Auf den Geburtstagsmonat freut sich jedes Kind besonders, aber auch viele andere Monate bringen Ereignisse, über die du dich freust.

1. Unterrichtsgespräch: Die Ereignisse werden sicherlich ungeordnet genannt und vorerst auch ungeordnet an der Tafel fixiert mit *Wortkarten* für die Monate und *Bildkarten* für die Ereignisse. Anschließend werden Wort- und Bildkarten dem Jahresablauf entsprechend geordnet:

Januar	Wir bauen einen Schneemann. Oder: Das neue Jahr beginnt mit einem Feuerwerk.
Februar	Wir verkleiden uns für Fasching.
März	Der Frühling kommt.
April	Wir suchen Ostereier.
Mai	Wir basteln für den Muttertag.
Juni	Wir machen eine Klassenwanderung.
Juli	Hurra, hitzfrei!
August	Ferien – Kofferpacken
September	Ein neues Schuljahr beginnt.
Oktober	Wir lassen Drachen steigen.
November	Sankt Martinstag
Dezember	Weihnachten

2. Formulieren kurzer Sätze: Der Januar bringt den Schnee.
Der Februar bringt den Fasching. Usw.

Anschlussmöglichkeiten

1. Kunsterziehung

Wir malen für jeden Monat des Jahres ein Bild.
Je nach Klassenstärke müssen sich mehrere Kinder für den gleichen Monat entscheiden.
Evtl. können den Kalenderblättern die Geburtstage der Kinder zugeordnet werden (Datum und Name des Kindes auf einer Karte unter das Kalenderblatt hängen)

2. Lesen

Zwölf mit der Post

Irgendwo am Ende der Welt ist eine Postkutsche an einer Grenzstelle vorgefahren. Die Tür öffnet sich und heraus steigen zwölf Fahrgäste – Frauen und Männer. Der Grenzbeamte lässt sich die Pässe geben und schaut dabei einen nach dem andern an. Zuerst kommt ein dicker Mann in einem Pelzmantel. „Ich habe es sehr eilig", sagt er.

„Denn ich gebe viele Bälle, einunddreißig Tage lang. Im Pass steht mein Name." Der Nächste ist ein vergnügter kleiner Bursch. „Entschuldigen Sie", stellt er sich vor, „ich bin etwas zu kurz geraten, nur achtundzwanzig Tage lang. Aber das Leben macht mir Spaß." Er deutet auf seinen Namen im Pass. Der dritte Herr sieht etwas mager und verfroren aus. Aber er trägt einen Veilchenstrauß im Knopfloch und lächelt still. Schon drängt ihn der Nächste mit einem Regenschirm unterm Arm beiseite. „Warum ziehen Sie denn dauernd Ihre Jacke an und aus?", will der Grenzbeamte wissen. „Ach, wissen Sie, kalt und warm, auf und ab, Regen und Sonnenschein, das macht Vergnügen." Jetzt trippelt eine reizende junge Dame daher. Sie duftet nach Maiglöckchen und trägt einen Singvogel auf dem Hut. „Danke, gnädiges Fräulein", sagt der Beamte höflich und nimmt ihren Pass. Die beiden Nächsten sind Geschwister: eine junge Frau und ihr Bruder. Sie haben wenig Gepäck bei sich, nur Badeanzüge und Sommersachen. Dann schiebt sich eine dicke, gemütliche Frau heran. Sie ist Obsthändlerin, wie sie sagt, und besitzt eine Limonadefabrik. „Arbeit und Brot macht die Wangen rot", sagt sie und nickt dabei. Der Nächste ist bestimmt ein Maler. Er hat einen grauen Mantel an und eine schwarze Mütze auf dem Kopf. Ein Farbkasten ist sein einziges Gepäck. „Platz da!", sagt ein Gutsbesitzer mit Hund und Gewehr und einer Tasche voller Nüsse. Er erzählt dem Beamten etwas von der Landwirtschaft. Aber man kann kein Wort verstehen, weil der nächste Fahrgast ununterbrochen hustet und sich in ein riesiges Taschentuch schneuzt. Der Arme kann kaum seinen Pass vorzeigen vor lauter Niesen. Ganz zuletzt steigt eine zarte alte Dame aus der Kutsche. Sie hat ein Gesicht wie ein Borsdorfer Äpfelchen und strahlende blaue Augen. In der einen Hand hält sie einen Blumentopf mit einem Tannenbaum; mit der andern zerrt sie einen großen Koffer aus der Kutsche. „Lauter Geschenke", sagt sie. „Bis zum Weihnachtsabend ist der Baum ganz groß. Dann wird er geschmückt. Dazu erzähle ich vom Stern von Bethlehem." Die alte Dame lächelt vergnügt.
„Die zwölf können die Reise fortsetzen", sagt der Hauptmann in der Wache, „aber immer nur einer auf einmal. Den Pass behalte ich. Er gilt für jeden einen Monat. Darf ich bitten?"

Hans Christian Andersen

(aus: Mein Lesebuch für das 2. Schuljahr. München 1976, S. 182)

Bereits nach dem ersten Abschnitt wird den Kindern klar sein, dass es sich bei den 12 Fahrgästen um die 12 Monate handelt.
Der Text wird abschnittweise gelesen, bei jeder Figur wird überlegt, welchen Monat sie charakterisiert.

Wir kennen uns im Kalender aus *(3. Lerneinheit)*

Hinführung: Auf die Ferien freut man sich, auf die Ferien wartet man. Wie viele Tage Ferien haben wir eigentlich in e i n e m Schuljahr? Die Kinder schätzen.
Wie kann man herausfinden, wie viele Ferientage es gibt?
Unterrichtsgespräch: Man muss die Dauer aller Ferien wissen, dann kann man im Kalender die Tage zählen.

Kalenderarbeit

1. Lesen des Ferienkalenders (Folie)
   Herbstferien vom ...... bis ......
   Weihnachtsferien ......
2. Suchen der entsprechenden Zeitabschnitte im Kalender (Partnerarbeit mit einem Tages- oder Wochenkalender und Klassenarbeit am großen Jahreswandkalender).
3. Farbiges Markieren der Zeitabschnitte am Wandkalender.
4. Abzählen bzw. Ausrechnen der Anzahl der Ferientage.

Die Monate sind unterschiedlich lang *(4. Lerneinheit)*

Provokation: Susi lernt in der Schule vom Kalender, so wie du, und wird gefragt, wie viele Tage das Jahr hat.
Kinder: Das Jahr hat 365 Tage.
Lehrer: Diese Antwort erwartet Susis Lehrer auch, aber Susi rechnet: 12 mal 30 = 360 und antwortet: Das Jahr hat 360 Tage.
Kinder: Susi hat nicht beachtet, dass die Monate unterschiedlich lang sind.
Zielangabe: Wir wollen genau nachsehen und uns merken, wie lange jeder Monat ist.

Erarbeitung

1. Kalenderarbeit und Festhalten der Ergebnisse an der Tafel:
   Der Januar hat 31 Tage.
   Der Februar ...
2. Merkhilfe: Die Faustregel erklären

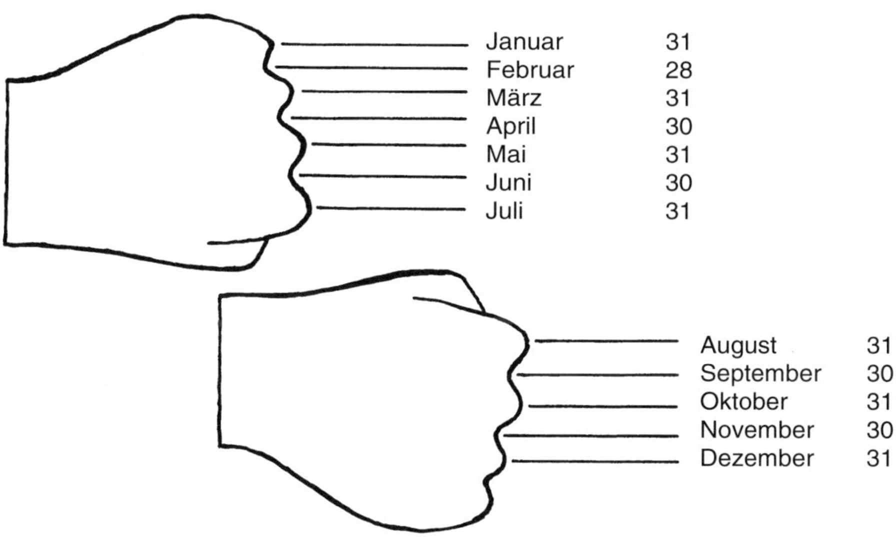

Anschlussmöglichkeiten

1. Mathematik: Wir rechnen mit dem Kalender.

- Frank hat am 16. April Geburtstag, Anne 5 Tage später.
- Wie viele Tage war Susi krank, wenn sie vom 12. 01.–2. 02. fehlte?
- Wie viele Tage war Petra verreist, wenn sie vom 28. 12.–07. 01. weg war?

2. *Rechtschreiben:* Wir üben die Namen der Monate richtig zu schreiben.

- abschreiben, mehrmals aufschreiben
- nach Silbenzahl ordnen
- nach dem Alphabet ordnen
- Geheimschrift entschlüsseln
- Rätsel: Welcher Monat hat an zweiter Stelle das a? – Schreibe auf! Usw.

Rechtschriftlicher Arbeitstext

Nun hat ein neues Jahr begonnen.
Wir hängen den Kalender für 1991 an die Wand.
Er teilt das Jahr in Wochen, Monate und Tage ein.
Er sagt, wann Schultage sind und wann wir frei haben.
Er sagt, wann Sonntag ist und wann ein Fest ist.
Der Kalender ordnet die Zeit.

4. Der Winter bringt Eis und Schnee – juchhe!

4.1 Der erste Schnee

Bei den ersten Schneeflocken schallt der Ruf „Es schneit!“ durchs Klassenzimmer. Es wäre ein mühsames und aussichtsloses Vorhaben, dann den Unterricht planmäßig fortsetzen zu wollen. *Schulfreude und Schulklima* lassen sich dagegen vertiefen, wenn der Unterricht unterbrochen wird und

- alle Kinder ans Fenster dürfen, um diese ersten Schneeflocken zu beobachten (evtl. Zimmerbeleuchtung ausschalten);
- Schneeflocken auf der Hand gesammelt und genau betrachtet werden;
- die Kinder das Gesicht zum Fenster hinaushalten dürfen, um diese ersten Schneeflocken auf der Haut zu spüren;
- ein Plakat für das Klassenzimmer angefertigt wird:

  Heute ist der …

  Um … Uhr hat es zum ersten Mal geschneit.
- Schneeflocken geschnitten und ans Fenster oder auf ein Plakat geklebt werden.

  (Wir schneiden Schneeflocken aus weißem Seidenpapier- im Herbst bereits im Schrank bereitlegen!)

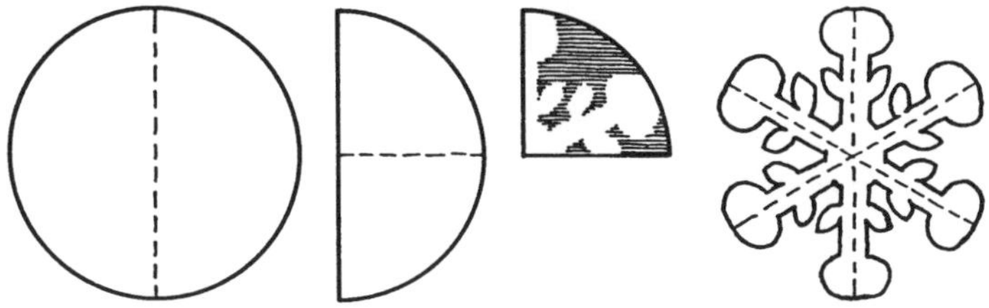

- Bilder von Schneeflocken betrachtet werden (Kopiervorlage KV 8). Nachgestaltungsversuche mit weißem Stift auf Tonpapier.

(KV 8 aus: Winter ABC. München 1987, S. 87)

Mit der Freude über den ersten Schnee verbunden ist, spätestens beim Ertönen der Pausenglocke, die Belehrung *„Schneeballwerfen im Schulgelände streng verboten“*. Verständlicherweise handelt es sich dabei um eine Anweisung, die von den Kindern nur ungern, oft auch gar nicht beachtet wird und deshalb Überlegungen notwendig macht:

- Der Lehrer muss versuchen diese Anweisung einsichtig zu machen. Deshalb werden im Klassengespräch *Argumente* gesucht, die dieses Verbot begründen:
  - Verletzungsgefahr bei ungezieltem Werfen

Schneekristalle	KV 8

- Anlass für Auseinandersetzungen und Streitereien, wenn manche Kinder das Verbot missachtend trotzdem mit Schneebällen werfen, die anderen sich wehren usw.
- Gefahr, dass Fensterscheiben zu Bruch gehen

- Da Schneeballwerfen einfach zum Schnee gehört, muss darüber hinaus geklärt werden, dass Schneeballwerfen zwar auf dem Pausenhof gefährlich sein kann, bei Beachtung entsprechender Regeln aber durchaus als reizvolles Spiel betrieben werden kann. So findet das Verbot bestimmt mehr Beachtung und Einsicht, wenn vereinbart wird, dass z.B. am nächsten Schultag in der letzten Stunde ein Schneeballwerfen stattfinden wird (nach Absprache mit dem Hausmeister im Hof – weitab von Fenstern – oder noch besser auf einem schulnahen Gelände). Als *Regeln* sind dabei zu beachten:

  – Nie in Gesichtshöhe werfen!
  – Die Bälle nur locker formen!

Spiele im Schnee

- *Zielwerfen*

- Einen Stuhl mit in den Hof nehmen und einen Eimer o. Ä. darauf stellen: Wer trifft? Welche Gruppe schafft mehr Treffer?
- Eine geeignete Wand markieren (Höhenlinie oder Kreis): Wer trifft?
- Zielwerfen an Baumstämme

- *Musterwerfen*

Die Klasse in Kleingruppen teilen und entweder ein „Thema" vorgeben (z. B. Kreis, Zickzacklinie, Haus) oder jede Gruppe ihr eigenes Thema finden lassen. Aufgabe: Mit Schneeballtreffern dieses Muster an eine Mauer ... „zeichnen".

- *Schneeball-Lauf*

Die Kinder stehen in Reihen hinter einer Startlinie. Ziel sind Stecken in ca. 10 m Entfernung. Spielaufgabe: Einen Schneeball auf dem Handrücken (evtl. ausgestreckter Arm) zum Ziel tragen, dort vorsichtig ablegen. Wer den Schneeball unterwegs verliert, muss hinter die Startlinie zurück und sich einen neuen machen. Es ist immer nur ein Kind aus einer Gruppe unterwegs, das nächste startet, wenn der Vorgänger nach gelöster Aufgabe hinter die Startlinie zurückkehrt.

- *Schneeballschlacht*

Die Klasse in zwei Gruppen einteilen: In einer bestimmten Zeit soll jede Gruppe so viele Schneebälle wie möglich herrichten. Auf Kommando wird gegenseitig abgeworfen (entweder Feldeinteilung oder Kennzeichnung der

Gruppenzugehörigkeit durch ein Band). Wer getroffen ist, scheidet aus. Wenn die Schneebälle aufgebraucht sind, ist auch das Spiel beendet.

- *Leuchtiglus bauen*

Aus festen Schneebällen werden kleine Iglus aufgeschichtet (z. B. in Gruppenarbeit). Die Lücken zwischen den Schneebällen bleiben frei, ebenso eine kleine Öffnung. Wenn es morgens noch dunkel ist, verwandeln kleine Teelichte die Schneeballhäufchen in leuchtende Iglus.

Stundenbild: Warum schneit es? *(Sachunterricht 2.–4. Schuljahr)*

Grobziel

Die Schüler sollen die Niederschlagsart „Schnee“ beobachten, mit anderen vergleichen und ihre Entstehung erklären.

Feinziele: Die Schüler sollen

- die Niederschlagsarten Regen, Nebel, Schnee und Hagel unterscheidend beschreiben
- wissen, dass Wasser die gemeinsame Substanz ist
- Vorwissen über die verschiedenen Aggregatzustände von Wasser in vorläufige Erklärungen der Niederschlagsarten einbringen.
- durch Betrachten, Beobachten und Informationsentnahme aus Sachtexten die vorläufigen Erklärungen bestätigen oder berichtigen

Unterrichtsverlauf

Hinführung im Rahmen einer Lesestunde: Wir lesen das Märchen ‚Frau Holle‘

Provokative Zusammenfassung im (vorbereiteten) *Tafelbild* (1)

Erarbeitung

Die Schüler widersprechen. Aus ihren Beiträgen und im weiteren Verlauf der Erarbeitung wird die Überschrift modifiziert (2) und es entsteht der 2. Teil des *Tafelbildes.*

Was zu welchem Zeitpunkt fixiert werden kann, hängt vom Vorwissen und den Beiträgen der Schüler ab.

1. *Vergleich Märchen – Wirklichkeit*

   So schneit es nur im Märchen – in Wirklichkeit schneit es anders: nicht Federn, sondern Flocken aus gefrorenem Wasser; nicht aus einer Bettdecke, sondern aus einer Wolkendecke; nicht weil jemand fleißig ist, sondern …
2. Schnee als *Niederschlag* generalisieren: Aus Frau Holles Bettdecke kommen nur (Feder-)Schneeflocken, in Wirklichkeit gibt es auch Regen, Hagel, Nebel.

Die Schüler beschreiben die Niederschlagsformen, bringen ihr Vorwissen über das Zustandekommen ein, benennen Wasser als die gemeinsame Substanz und suchen den Oberbegriff.

Evtl. Schneeflocken – Eiskristalle (Ablagerung im Kühlschrank!), Hagelkörner (seit dem letzten Hagelschlag im Gefrierschrank aufbewahrt, im Thermosgefäß mitgebracht) und Wasserdampf-Nebel betrachten.

3. *Informationsgewinnung* in Gruppen

Am besten mithilfe von Kinderlexika, Sach- und Schulbüchern (z.B.: Kinder entdecken Naturereignisse/Timelife-Kinderbibliothek; Andresen/de Haen: Warum ist das Wetter so? Ravensburger), die die Schüler von zu Hause mitbringen oder die der Lehrer in der Bücherei besorgt; als Ersatz: Arbeitsblatt.

Ergebnissicherung: Hefteintrag nach Tafelbild

① So schneit es im Märchen:

Frau Holle schüttelt
die Betten.
Die Bettfedern fallen
als Schneeflocken
zur Erde.

② So schneit es in Wirklichkeit:

Der Wasserdampf
gefriert in den Wolken
zu Eiskristallen.

Viele Eiskristalle
bilden sechseckige
Schneesterne.

Viele Schneesterne
hängen sich zu
Schneeflocken
zusammen.

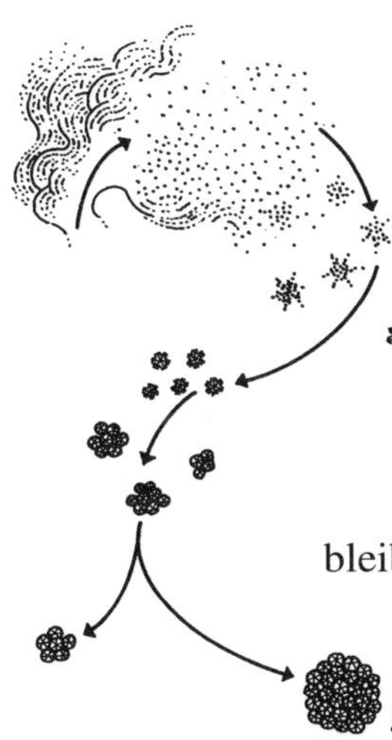

Wenn es sehr kalt ist,
bleiben die Schneeflocken klein.

Wenn es wärmer ist,
gibt es große Schneeflocken.

Stundenbild: Hilfe, der Schneemann!
(Mündlicher und schriftlicher Sprachgebrauch 3./4. Schuljahr)

Grobziel
Einen Comic versprachlichen, den Höhepunkt ausgestalten und die Bauteile einer spannenden Erzählung in der Geschichte wiederfinden. (Nicht Neueinführung!)
Feinziele
- eine Bildergeschichte (Comic) lesen
- Bildinhalte ausführlicher als gezeichnet wiedergeben
- den Textaufbau in seinen Elementen erklären
- die grafische Darstellung des Textaufbaus interpretieren und nachvollziehen
- den Höhepunkt antizipierend ausgestalten und Merkmale nennen
- den Schluss selbstständig ergänzen

Unterrichtsverlauf
Hinführung: Entwicklung und kurze Versprachlichung des Tafelbildes *(Tafelzeichnung;* Klaus und Klara als ausgeschnittene Figuren – sie werden später in die anderen Bilder eingefügt)

Schüler: Es schneit. Klaus und Klara bauen einen Schneemann …

Erarbeitung
• *Bildinhalte ausführlich versprachlichen*
Lehrer: So schnell geht das natürlich nicht!
Schüler: Klaus und Klara rollen zuerst …
Lehrer: Wunderbar! Fertig ist der Schneemann!
Tafelbild: (Schneemann ausgeschnitten; der Besenstiel ist durch einen Schlitz nach hinten geschoben und dort mit einem Hölzchen, z. B. Schaschlikspieß verbunden)

• *Textaufbau und grafische Darstellung analysieren und interpretieren*
Lehrer: So schaut unsere Geschichte bisher aus.
Die Schüler erläutern: Einleitung, Erzählteil … Es fehlen Höhepunkt und Schluss …
Lehrer: Wodurch könnte diese Erzählung denn einen Höhepunkt bekommen?
Die Schüler nennen *inhaltliche Möglichkeiten* (es könnte jemand kommen, der den Schneemann zerstört …; vielleicht kommen Vögel an die Mohrrübe …) *und formale Kriterien* (es müsste noch etwas passieren, spannender oder lustig werden …).
Die formalen Merkmale werden in Stichpunkten an der Tafel fixiert.
Lehrer: Wie könnte denn der „Rahmen" für die Höhepunkterzählung aussehen?
Die Schüler skizzieren und begründen Vorschläge.

Vermutliches Ergebnis:

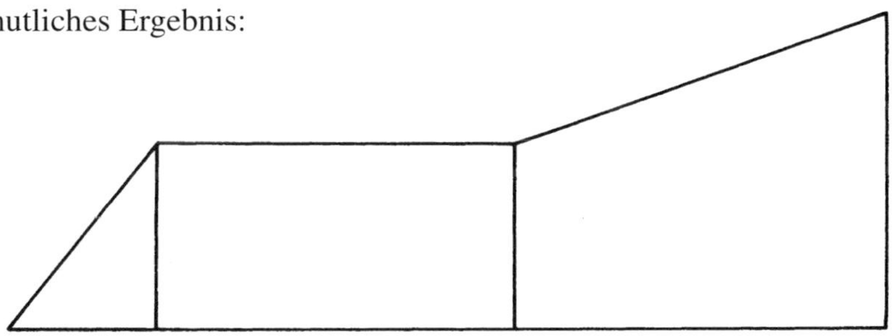

• *Ausgestalten des Höhepunktes*
Spieldemonstration mit den *Bildelementen* durch den Lehrer: Klaus läuft ins Haus, um einen Topf als Hut zu holen. Klara versteckt sich hinter dem Schneemann. Als Klaus zurückkommt, lässt Klara den Schneemann mit dem Besen wackeln (vorsichtig am Holzstäbchen ziehen).
Die Schüler erzählen den Höhepunkt nach und versuchen die formalen Merkmale (Stichworte an der Tafel) zu realisieren.
Arbeitsblatt (Kopiervorlage KV 9): Bilder betrachten; Erzählung vorlesen.

• *Schluss ergänzen*
Die Schüler bemerken, dass der Schluss fehlt. Sie erläutern knapp seine Funktion, auch mithilfe der Grafik (die Erzähllinie fällt wieder leicht ab; das Schlussbild sitzt etwas tiefer als das Höhepunktbild). Einige Ideen werden genannt: Klaus rennt schreiend davon … oder: Klara kann das Lachen nicht mehr unterdrücken … Einzel- oder Partnerarbeit: den Schluss auf dem Arbeitsblatt sprachlich und grafisch ergänzen.

Wir lesen eine Bilder-Lesegeschichte (Comic)

KV 9

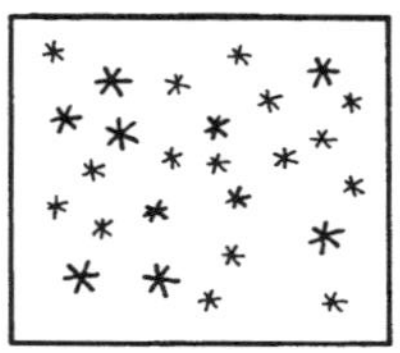

Endlich!

Es schneit!

Klaus und Klara stürzen hinaus. Sie wollen einen Schneemann bauen. Sie rollen Kugeln für Bauch, Brust und Kopf. Sie heben sie mit Mühe aufeinander. Ganz schön groß ist er geworden, der Herr Schneemann! Nun bekommt er Augen, Nase und Mund aus Steinchen eingedrückt. Es sieht fast so aus, als ob er grinst. – Irgend etwas fehlt doch noch? Ach ja, einen Besen braucht er noch. Her damit! Fertig! Klaus und Klara freuen sich!

„Warte", ruft Klaus, „ich hole einen Topf!" Er läuft ins Haus. Da hat Klara eine Idee! Schnell versteckt sie sich hinter dem großen Schneemann. Klaus kommt schon zurück, einen Topf in der Hand. „Wo ist Klara?", denkt er. „Eben war sie doch noch da! Ob sie auch noch etwas holen will?" Er schaut zum Schneemann. Aber ––– was ist denn da los? Der Schneemann –– der Schneemann –– der bewegt sich ja! Da! –– Er wackelt mit dem Besen! Er droht ganz fürchterlich!

Stundenbild: Linus und sein Schneemann *(Lesen 3./4. Schuljahr)*

Ziele:
- einen Comic inhaltserfassend lesen
- den Dialog sinnsuchend hinterfragen
- unterscheiden zwischen „sagen“ und „denken“
- die Pointe des Comic verstehen

Unterrichtsverlauf
Darbietung des Comic (ohne Bild 6) von *Charles M. Schulz*

Inhaltserfassung
- still erlesen
- Spontanäußerungen zum inhaltlichen Verständnis
- vorlesen
- versprachlichen (Erzählung zur Rede hinzufügen)
- erzählen und lesen mit verteilten Rollen (Erzähler, Luzie, Linus)

Sinnerfassung
- vorläufige Stellungnahme (spontanes Sinnverständnis)
- Leseaufträge (evtl. arbeitsteilig) auf *Kopiervorlage* KV 10
- Besprechung und erste Auswertung der sinnsuchenden Textanalyse (Arbeitsteil 3 als Überprüfung zu 1 und 2)

Darbietung von Bild 6
- lesen
- vorläufige Kommentierung
- begründen, warum Luzie nicht mehr zu sehen ist
- sinnverstehendes Kommentieren
- sinngestaltend lesen
- sinngestaltend darbieten (verteilte Rollen, Erzähler)

Gestaltungsmöglichkeiten

Winterabend – „Radierung“
Material: weißes Papier, Tinte, Pinsel, Tintenkiller
Über diese Arbeit freuen sich besonders die Klassen, in denen der Lehrer das Ausbessern mit Tintenlöscher verboten hat!
Das weiße Papier wird mit Pinsel und Tinte eingefärbt. Mit dem Tintenlöschstift wird linear gestaltet: Wiese, Hügel, Schneemann mit Hut und Besen, Schneeflocken …

Linus und sein Schneemann

Linus und sein Schneemann — KV 10

① *Warum fragt Luzie?*

- ○ Sie will den Schneemann umwerfen, aber traut sich nicht.
- ○ Sie will den Schneemann gar nicht umwerfen, sondern Linus nur ärgern.
- ○ Sie will mit Linus streiten.
- ○ Sie will, dass Linus weint und sie bittet, es nicht zu tun.
- ○ Das ist nur ein Trick, damit der Comic länger ist. Am Schluss wirft sie den Schneemann sowieso um.
- ○ Sie will wissen, ob Linus einverstanden ist.

Kreuze an, was du für richtig hältst.

② *Überlege, was die Antwort von Linus bedeutet.*

- ○ Linus ist feige.
- ○ Linus ist dumm.
- ○ Linus hat Angst vor Luzie.
- ○ Linus ist ein Spielverderber.
- ○ Linus möchte, dass Luzie den Schneemann umwirft.
- ○ Linus denkt: Das kann Luzie ja doch nicht! Sie ist zu schwach.
- ○ Es ist Linus egal, was mit seinem Schneemann passiert.
- ○ Linus will Luzie die Lust am Streit nehmen.
- ○ Linus gibt auf.

Kreuze an, was du für richtig hältst.

③ Linus sagt:	Linus denkt:
Luzie ist	Ich bin . . . .
Luzie ist	Ich bin . . . .
Sie kann	Ich kann . . . .
Linus weiß: Wenn wir streiten, wird Luzie . . . . (Sieger oder Verlierer?)	Wenn wir streiten, bin ich der . . . . (Sieger oder Verlierer?)

• *Schneemann – Scherenschnitt*
Material: ungummiertes Scherenschnittpapier, weißes Zeichenpapier als Untergrund, Schere, Klebstift.
Auf der Rückseite des Scherenschnittpapiers wird zuerst ca. 1 cm breit ein Rahmen mit dem Lineal gezeichnet. In gezeichnete Rahmen an der Tafel werden verschiedene Entwürfe für Schneemänner skizziert. Wichtige Erarbeitungspunkte: Möglichst einfache Linienführung, Berührungspunkte zwischen Schneemann und Rahmen (Fixierung). Anschließend entwirft jedes Kind seinen Schneemann und Rahmen auf der Rückseite des Scherenschnittpapiers, kennzeichnet die Doppellinien, die nicht ausgeschnitten werden dürfen.
Genaue Lehrerkontrolle ist erforderlich!
Die fertigen Scherenschnitte werden behutsam auf weißes Zeichenpapier aufgeklebt.

• *Tannenwald*
Material: weißes Zeichenpapier DIN A3, dünner Karton, Schere, Wachsmalkreiden (grün und blau, wasserlöslich), Tempotaschentuch.
Aus dem Karton fertigen sich die Kinder eine Schablone eines Tannenbaumes. Die Schablone wird mit Wachsmalkreide kräftig gefärbt, auf das weiße Zeichenpapier gelegt und die Farbe nach allen Seiten mit dem leicht angefeuchteten Tuch abgerieben. Es entstehen Farbflecken, das Baumschema in der Mitte bleibt weiß.
Die Gestaltungsaufgabe liegt in der Anordnung und Überlappung der Farbflecken.
Besonders dekorativ erscheinen diese Bilder auf grünem Tonpapier aufgeklebt.

• *Winterwald*
Material: graues Tonpapier DIN A2, Wasserfarben, Borstenpinsel, Haarpinsel, Deckweiß.
Auf das Tonpapier werden, in verschiedenen Größen und gestaffelt, Tannenbäume gemalt. Nach dem Trocknen wird mit Deckweiß der Schnee auf den Konturen aufgetragen.
Die *Gestaltungsaufgabe* liegt im Herstellen verschiedener Mischfarben für den Wald, beim Überlagern der Bäume, die auf keinen Fall bloß aufgereiht werden sollen.

• *Frau Holle schüttelt ihre Betten aus*
Die beiden Ecken des schwarzen Tonpapiers (DIN A4 Hochkant) nach hinten zur Mitte falten, sodass sich ein Haus ergibt. Das Dach wird mit einem

Strich getrennt. Aus dem Dach sieht Frau Holle und schüttelt ihre Betten. Im unteren Teil sieht man eine verschneite Stadt. Wachsmalkreiden leuchten besonders schön.

● *Fensterbild „Schneemann“*

Material: eine transparente Folie (DIN A4), 2 Bögen hellblaues Tonpapier (DIN A4), weißes Papier, Reste von schwarzem und rotem Tonpapier.
Alle Teile, selbst den Rahmen, doppelt ausschneiden. Zwischen beide Rahmenteile die Folie kleben. Darauf den Schneemann mit Hut, Besen und Krähe anbringen. Weitere Verzierungen nach Belieben.
Die Fensterbilder in der unteren Fensterhälfte anbringen. Darüber Schneeflocken aus Watte tanzen lassen.

Stundenbild: Gedicht „Auf dem Schlitten zu sitzen“ *(Lesen 2.–4. Schuljahr)*

Ziel: Die Schüler sollen das Gedicht klanggestaltend lesen.

Hinführung
Die Schüler äußern sich frei zum *Bild an der Filztafel:* Weißer Berg mit einem Schlitten darauf.
Lehrer: Komm heraus, fahre den Berg hinunter. Gebrauche auch deine Stimme.
Die Schüler fahren lauthals den Berg hinunter.
Lehrer: Das macht dir beim Schlittenfahren Spaß, aber … (deutet auf den Schlitten am Fuß des Berges).
Schüler: Das Hinaufziehen ist lästig und mühsam. Unter Stöhnen ziehen sie den Schlitten wieder hinauf.
Zielangabe
Lehrer: Die Schriftstellerin *Ursula Wölfel* hat ein Gedicht über das Schlittenfahren geschrieben.
Textbegegnung
Er liest die 1. Strophe vor. Still lesen die Schüler die beiden anderen Strophen.

Auf dem Schlitten zu sitzen

Auf dem Schlitten zu sitzen,
bergab zu flitzen
auf singenden Kufen,
mit Schreien und Rufen
im Sonnenschein,
das ist fein!

Aber dann, aber dann, aber dann bergauf,
mit Zerren und Schieben dann wieder hinauf,
mit Ächzen und Pusten,
mit Schwitzen und Husten!
Dann ist der Hang
so steil, so lang!
Doch wer oben ist, lacht!
Platz gemacht,
drauf gesetzt,
ich komme jetzt –
ich bin schon da – hurra!

Ursula Wölfel

(aus: Lesespaß 3. Braunschweig/München 1982, S. 51)

Textreflexion
Lehrer: Jede Strophe erzählt von einem anderen Gefühl …
Lautes Lesen des Gedichtes
Partnerarbeit: Suche die Wörter, die das Besondere jeder Strophe ausdrücken.
Die Ergebnisse werden im Klassenverband besprochen, die Wörter auf dem Arbeitsblatt unterstrichen.
Lehrer: Wenn du diese Wörter richtig deutlich aussprichst und auch ihren Gehalt richtig triffst, kannst du das Gedicht klanggestaltend vortragen.
Im Klassenverband wird geübt, z. B. flitzen (schnell sprechen, kurzes i, deutliches tz), zerren (rollendes r) usw.
In den Gruppen soll nun ein klanggestaltender Vortrag geübt werden.
Zusammenfassung
Nachdem die Gruppenergebnisse vorgestellt wurden, werden die 1. und 2. Strophe von einzelnen Schülern gelesen, die 3. Strophe im Klassenverband vorgetragen und mit Gestik unterstützt.

Stundenbild: Liederarbeitung „Heute woll'n wir rodeln" (3./4. Schuljahr)

Grobziel: Die Schüler sollen das Lied melodisch und rhythmisch richtig singen.
Feinziele: Die Schüler sollen
- Teil A (= Refrain) anhand des Notenbildes zusammensetzen, indem sie die Auf- und Abwärtsbewegung des Melodieverlaufes erkennen und diese mit dem Schlittenfahren in Verbindung setzen
- die rhythmischen Bausteine klatschen
- das Lied in Bewegungen umsetzen
- anhand dieses Liedes die Rondoform kennen lernen

Einstieg: Rätsel

Lehrer: Im Winter, wenn alles verschneit ist, hast du eine Lieblingsbeschäftigung.

Schüler: Schlittenfahren.

Erarbeitung

Lehrer: Die Teile (Teil A) meines Schlittenliedes sind durcheinander geraten. Versuche, das Lied selbst zusammenzusetzen. Du brauchst nur daran zu denken, dass du erst den Schlitten hinaufziehen musst, bevor du hinuntersausen kannst. (Evtl. Hilfsimpuls: Du kennst unsere Zeichen für Anfang 𝄞 und Ende ‖.)

Die Schüler ordnen Folienschnipsel auf dem Projektor. Nachdem Teil A zusammengesetzt ist, werden zunächst die rhythmischen Bausteine durch Klatschübungen gesichert:

Anschließend wird der Text unterlegt, rhythmisch richtig gesprochen und mit Klatschen begleitet.

Da die Melodie von *Teil A* dem Kinderlied *„Alle meine Entchen“* ähnelt, wird sie schnell erfasst und durch Vor- und Nachsingen eingeübt. Dabei zeigt die Hand den Melodieverlauf mit.

Teil B wird nur auf einem Ton gesungen. Der Text muss deutlich zu verstehen sein. Gesten unterstützen den Inhalt.

Zu Teil C wird zunächst nur der *Text* angeboten. Die Schüler sollen die Melodie selbst finden. Die Rufterz bei „Bahn frei“ ergibt sich von selbst.

Bei *Teil D* ist auf saubere Tonsprünge zu achten.

Immer wenn ein Teil erarbeitet wurde, wird im Anschluss daran Teil A wiederholt.

Lehrer: Damit wir nicht durcheinander kommen, geben wir den Teilen Buchstaben.

Das Lied hat eine besondere Form. Wir kommen immer wieder zu Teil A zurück. (Evtl. Hilfsimpuls: Kreisbewegung mit der Hand ausführen.)

Schüler: Das Lied hat eine Kreisform; es ist rund.

Lehrer: Diese Form nennen wir Rondo.

Ausklang

Lehrer und Schüler singen das Lied und tanzen dabei: Kreisaufstellung, dabei vorwärtsgehen . Beim zweiten „ *Heute* ... “ Richtung wechseln, bei „ *hinab* “ in die Hocke gehen. Die Einzelteile B, C, D auf dem Platz stehend mit Gesten unterstützend singen.

Weiterführung

In Folgestunden könnte die Rondoform anhand weiterer Musikbeispiele vertieft werden:

- Bohnen-Rondo von W. *Keller* (in: Musik 3/4. Regensburg 1984: Wolf-Verlag, S. 32)
- Rondeau aus Ouvertüre C-Dur von *G. Ph. Telemann* (in: Musik zum Mitmachen 2. Frankfurt/Main 1984: Diesterweg-Verlag, S. 14; Schallplatten-Bestellnummer 8128)

Heute woll'n wir rodeln

Text und Musik: Karl Foltz

(aus Karl Foltz: Hörst du nicht den feinen Ton. Wolfenbüttel/Zürich: Möseler Verlag)

Schlittenfahren

In schneereichen Wintern bietet es sich an, einen Gang mit dem Schlitten zu planen.

1. *Ankündigung des Vorhabens und Besprechung:*
   - zweckmäßige Kleidung (Mütze, Handschuhe, Schal, Anorak, wasserfeste Hose, feste Schuhe)
   - Disziplin:
     Kein unkontrolliertes Schneeballwerfen, sondern nur als Spielform nach entsprechender Vereinbarung.
     Für das Schlittenfahren gelten die gleichen Regeln wie im Turnunterricht: Ordnungsformen vereinbaren, Reihenfolgen beachten, Rücksicht nehmen!

   Je nach Klassenstufe können diese Vereinbarungen als Regeln mündlich formuliert und schriftlich notiert werden.
2. *Auswahl des Weges und des Geländes*
   Ideal erscheint ein Weg durch den Park oder auf ungeräumten Gehwegen mit einem sanften Hügel als Ziel.
3. *Spielformen am Hügel*
   - Abfahrts- und Ziellinie festlegen, Abfahrt auf Kommando und nebeneinander: Wer erreicht zuerst die Ziellinie?

– Nur die Abfahrtslinie festlegen: Wer kommt mit seinem Schlitten am weitesten?
– Aus Stecken Tore bauen: Wer kann durchrodeln?
– Fähnchen setzen: Wer kann im Fahren die Fähnchen mitnehmen? Wer bringt sie nach Stillstand des Schlittens zuerst dem weiter entfernt stehenden Lehrer?

Spielformen im ebenen Gelände

– *„Schlittenhunderennen":* Jede Dreiergruppe hat einen Schlitten. Zwei „Schlittenhunde" ziehen den Schlitten, ein Polarfahrer sitzt drauf. Gruppenwettlauf. Selbstverständlich wird in den Gruppen durchgewechselt.
– *Schlittenstaffel:* Start- und Ziellinie markieren. Die Kinder stehen in Reihen hinter der Startlinie. Das erste Kind der Reihe zieht das zweite auf dem Schlitten über die Ziellinie. (Nur dieses erste Kind rennt zurück und stellt sich als Letztes in seiner Reihe an.) Inzwischen steigt das zweite Kind ab, läuft mit dem Schlitten zurück und holt das 3. Kind ab (auf dem Schlitten). Über der Ziellinie bleibt das zweite Kind stehen, das dritte läuft mit dem Schlitten zurück ...

4. *Information der Eltern* (je nach Altersstufe Elternbrief) Unterrichtsbeginn (wahrscheinlich stundenplanmäßig, da sicher nicht um 8.00 Uhr weggegangen wird) und Unterrichtsende mitteilen, auf Schlitten und Kleidung hinweisen sowie das Vorhaben erläutern.

Eltern (Schulklima!) können zu einer vereinbarten Zeit zum Rodelberg kommen und in Thermoskannen heißen Tee und evtl. Brötchen mitbringen, vielleicht auch fotografieren. Denn später freuen sich alle über Bilder, die beim Elternabend gezeigt und nachbestellt werden können.

Anschlussmöglichkeiten
Mündlicher und schriftlicher Sprachgebrauch
Wir erzählen und schreiben zu einem Bild eine Geschichte.

Lernschritte

– Bild auf Folie soweit abdecken, dass nur die einzelne, linke Figur zu sehen ist. Lehrer: Das ist Tom.
  Formulierungsversuche der Kinder: Tom zieht seinen Schlitten den Berg hinauf. Er keucht und schnauft. Der Berg ist steil.
– Schrittweises Aufdecken und Formulieren zur zweiten und dritten Bildfolge.
– Kassettenrekorder: Zu hören ist ein entsetzter Schrei, dann ein Jammern. – Vermutungen der Kinder und Formulierungsversuche.
– Ergänzung der Szene als Folienbild und Formulierung.

Wir schreiben zu einem Bild eine Geschichte

(Abbildung aus: Frohes Lernen 2 – Sprachbuch. Stuttgart 1986, S. 65)

Kunsterziehung

- *Ich und mein Schlitten*

Malpapier DIN A3, Wasserfarben, Borstenpinsel
Die Gestaltungsaufgabe liegt im formatfüllenden, großflächigen Malen mit möglichst kräftigen Farben und in der Darstellung der Figur (Winterkleidung, Körperhaltung).

- *Auf dem Rodelberg – Filzstiftzeichnung*

Weißes Papier DIN A4, Filzstift schwarz
Die Gestaltungsaufgabe liegt in der Darstellung möglichst vieler verschiedener Szenen aus den Spielen am Rodelberg und der Darstellung der Bewegungen. Da nur der schwarze Stift verwendet werden soll, müssen die Kleider durch möglichst viele unterschiedliche Muster (vorher besprechen) charakterisiert werden.
Wichtig ist der Hinweis, dass sich die Figuren nicht nur an der Berglinie, sondern auf der gesamten Papierfläche verteilt bewegen sollen.

- *Wintervergnügen – Plastisches Gestalten*

Sandkasten mit Baumaterialien, Knetgummi
Im Sandkasten (räumliche Orientierung) lässt sich eine herrliche Winterlandschaft gestalten. Mit Häusern aus dem Baukasten, dürren Zweiglein als Baum und Busch … helfen sicher alle Kinder gern mit. Ein Stück Spiegel wird zum gefrorenen Teich. Entweder mit weißem Streumaterial oder auch mit zerriebener weißer Kreide „fällt Schnee". Aus Knetmasse entstehen Schlittenfahrer, Schlittschuhläufer, Schneemann, Schneeballschlacht …

Musik: Der Walzertakt

Schneeflocken erinnern uns ans Tanzen. In vielen Kompositionen wird deshalb der *Walzertakt* verwendet. So wird die Taktart erarbeitet:

- Den Walzertakt mit Klanggesten ausdrücken: patschen, klatschen, schnalzen und so die betonte Taktzeit auf e i n s erfassen.
- Wir singen eines der Lieder oder hören den *„Schneewalzer"* und führen dabei die o. g. Klanggesten aus.
- Wir dirigieren den 3er-Takt.

  Man taktiert ihn so:

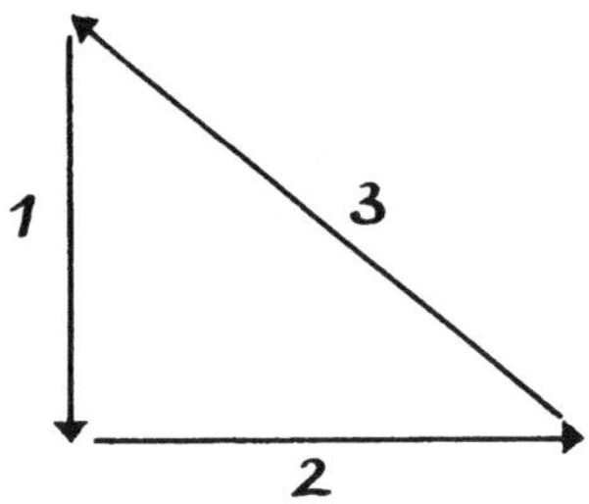

  So wird er geschwungen:

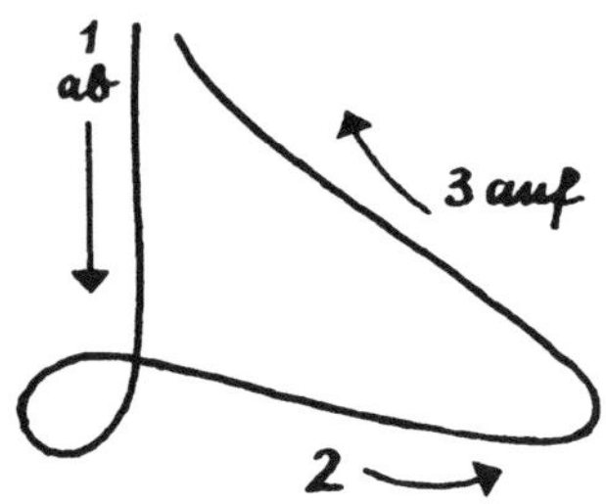

Schleife und nach außen

- Im Musikbuch suchen wir Melodien im 3er-Takt.
- Wir tanzen den Walzerschritt.

Als Abschluss wird der *„Schneeflockenwalzer"* aus *Tschaikowskys* Ballett *„Der Nussknacker" (1.* Akt, 2. Szenenbild Nr. 9) gehört und in Bewegung umgesetzt.

Zur Geschichte: Clara und ihr Prinz reisen durch den verschneiten Tannenwald. Sie sind unterwegs nach Konfitürenburg, dem Köngreich der Süßigkeiten. Da begrüßen König und Königin der Schneeflocken mit ihrem zahlreichen Gefolge das Paar.

Mögliche Choreographie: Die Schüler, weiß gekleidet, tanzen nacheinander in den Kreis und blasen Wattekugeln in die Luft. Mit ihrem Körper versuchen sie den Weg der Wattekugeln nachzugehen. Beim Auftreten des Chores fassen sich die Schüler an den Händen, bilden einen Kreis und wiegen sich im Walzerschritt. Dazwischen bewegen sie sich frei. Am Ende des Musikstückes liegen die Schüler „im frischen Schnee".

Der Schnee ist gefallen Text u. Musik: Ch. Steinweg

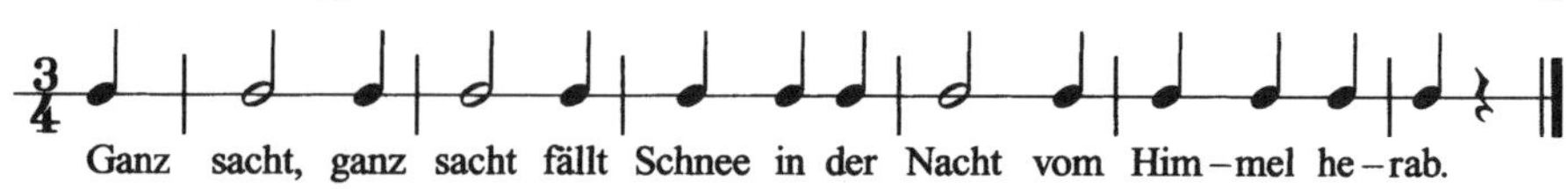

Vorspiel

geht als Begleitung weiter

Lied

(aus K. Patho/R. Schuhmann: Musik 1./2. Regensburg 1983, S. 52)

Schneeflöckchen, Weißröckchen

(aus J. Weber-Kellermann: Das Buch der Weihnachtslieder. Mainz 1982, S. 193)

4.2 Der See hat eine Haut bekommen

Themen zum Schlittschuhlaufen sollten rechtzeitig gedanklich vorbereitet und bei entsprechendem Wetter zum Einsatz kommen. Auch in sehr milden Wintern, die eine Gefahr gering erscheinen lassen, darf die Belehrung „ *Vorsicht beim Betreten zugefrorener Gewässer*“ ‘ nicht ausgelassen werden.

• *Belehrung*

Einstieg: Evtl. Zeitungsausschnitt über einen Unfall auf dem Eis oder Hörszene vom Kassettenrekorder (Zwei Kinder überlegen: Ui, schau, der See ist zugefroren, da können wir rutschen gehen. Ich weiß nicht so recht, eigentlich ist noch niemand auf dem Eis …)

Gesprächsergebnisse

Nie ohne Absprache mit Erwachsenen einen zugefrorenen Weiher betreten!
Nie ganz alleine auf das Eis gehen!
Auch bei sicherer Eisdecke Zuflüsse oder warme Stellen beobachten!
Bei Eisunfällen stets unverzüglich die Hilfe Erwachsener holen!
Lieber übervorsichtig als leichtsinnig!

• *Texthinweis:* „Auf dem Eis“ *(Rolf Ulrici)* in: Mein Lesebuch für das 3./4. Schuljahr. München 1972: Bayer. Schulbuch-Verlag, S. 144

• *Schlittschuhläufer (Kunst 3./4. Schuljahr)*

Möglichkeiten für die *Explorationsphase:*

Bewegungsstudie – Partnerübungen – Bewegungsdarstellung mit einer Gliederpuppe – Bleistiftskizzen (Strichmännchen) erstellen – gezeichnete Bewegungen „nachstellen“, daraufhin korrigieren – Umrissskizzen von Abbildungen aus Zeitschriften/Zeitungen … Möglichkeiten für die *Objektivation:*

Die Bleistiftskizzen zur Bleistiftzeichnung oder Tuschzeichnung erweitern – Binnenstrukturierung (Kleidung) – Gesichter aus Fotos einkleben: „Ich als Eiskunstläufer.“

Bleistiftskizzen deckend übermalen, Figuren ausschneiden. Gemeinschaftsbild „Auf dem Eisplatz“.

Eislauf Text: Adolf Holst, Melodie: Richard R. Klein

2. Müllers Max und Schneiders Fritze
mit der weißen Pudelmütze,
wie sie schwenken und sich drehn!
Habt ihr so was schon gesehn?

3. Hoch das Bein und kühn im Bogen
kommen sie herangeflogen:
eins, zwei, drei und wie der Blitz.
Bums! Da liegt der Schneider Fritz.

Begleitung (Barbara Regitz)

Die beiden letzten Takte der Begleitung können als Vor-, Zwischen- und Nachspiel verwendet werden.

(aus Richard R. Klein: Willkommen lieber Tag. Band I. Frankfurt/Main 1975, S. 125)

Stundenbild: Heißer Tee aus Eis? *(Sachunterricht 3./4. Schuljahr)*

Lernziele: Die Schüler sollen
- Eis, Wasser und Wasserdampf in unterschiedlichen Eigenschaften beschreiben
- die Aggregatzustände (fest, flüssig, gasförmig) als wichtigste Unterscheidung angeben
- Bedingungen für die Aggregatsänderung angeben
- feststellen, dass es sich jedoch in jedem Fall um Wasser handelt
- Fachbezeichnungen (schmelzen, gefrieren, verdampfen ...) kennen lernen und anwenden

Material für die Schüler: Becher, Eiswürfel (in Thermosbehältern transportierbar),
Material für die Demonstration: Eiswürfel, Topf mit Deckel, Kochplatte, dunkler Karton, Tee, Zucker

Unterrichtsverlauf
Motivation
An einem kalten Tag sagt der Lehrer, er habe etwas mitgebracht, damit sich alle nach der Pause aufwärmen könnten, und holt eine Thermoskanne hervor. Die Schüler vermuten u. a. „heißer Tee“.

Es werden Becher ausgeteilt und jedem Kind aus der Kanne … ein Eiswürfel „eingefüllt“.

Problemstellung und Tafelanschrift: Heißer Tee aus Eis?

Erarbeitung
1. Teilziel: Eigenschaften von Eis, Wasser, Wasserdampf
Im Vergleich zum heißen Tee werden die *Eigenschaften von Eis* beschrieben. Zur Unterstützung der Betrachtung: Eiswürfel anfassen, durchschauen, darüber streifen, drücken, klopfen, daran lecken.
Unterrichtsgespräch und *Tafelanschrift (1)*
Tätigkeitswechsel: Übertragen auf den *Notizblock*
Die Schüler werden aufgefordert noch einmal den Eiswürfel aus dem Becher zu nehmen. Der ist inzwischen natürlich geschmolzen, sodass nun die Eigenschaftsbeschreibung des zurückgebliebenen *Wassers* ansteht (Vergleich zum Eis!). Dabei entsteht die *Tafelanschrift (2).*
Die Anknüpfung an die Motivationsphase („Jetzt können wir aber gleich Tee trinken!“; evtl. Teebeutel in das kalte Wasser legen) führt zur Notwendigkeit das Wasser zu erhitzen. Dafür hat der Lehrer in der Zwischenzeit weitere Eiswürfel zum Sieden gebracht, währenddessen notieren die Schüler TA 2. Nun kann die *Dampfentwicklung* beobachtet und beschrieben werden. Unterstützende Maßnahmen: dunkler Karton macht das Aufsteigen des Dampfes sichtbar; Hören der Geräusche; Beobachten der Wasserbewegung; Hand in den Dampf halten. (Nach Möglichkeit sollten alle Kinder zum Topf mit dem siedenden Wasser vorkommen können – Vorsichtsmaßnahmen treffen! Kabel!)

Tafelanschrift (3)
Tafelbild

①		②		③	
Das Eis ist	kalt	Das Wasser ist	nicht ganz kalt	Der Dampf ist	heiß
	durchsichtig		durchsichtig		wenig sichtbar
	glatt		bewegt sich		gasförmig
	hart		flüssig		geschmacklos
	fest		geschmacklos		
	geschmackols				

2. Teilziel: Formulieren der Aggregatzustände
Zusammenfassen der unterschiedlichen Beschreibungen mithilfe der Tafelanschrift.
Erfragen des bedeutsamsten, wichtigsten, auffälligsten Unterschieds *(Hilfe:* „anfassen“). Die Eigenschaften fest, flüssig, gasförmig werden hervorgehoben (dabei wird das Wort „gasförmig“ nach vorausgehender zutreffender Beschreibung durch die Schüler – wie Luft … – vergeben). *Tafelanschrift (4)*

3. Teilziel: Bedingungen für die Änderung des Aggregatzustandes

Die Lehrerbemerkung, dass es schon erstaunlich sei, wie aus festem Eis plötzlich und „von allein" flüssiges Wasser und später gasförmiger Dampf werde, provoziert ein Unterrichtsgespräch mit dem *Ergebnis:*

Wenn das Eis warm wird, schmilzt es und wird zu Wasser; wenn Wasser gekocht, erhitzt wird, entsteht Wasserdampf. Es wird der Zusammenhang zwischen der Veränderung und der Hitzezufuhr erarbeitet.

Ergänzung der *Tafelanschrift (5):*

④	⑤	④	⑤	④
Eis	→ schmelzen →	Wasser	→ sieden →	Wasserdampf
ist fest		ist flüssig		ist gasförmig
festes Wasser ⑥				⑥ gasförmiges Wasser

4. Teilziel: In den verschiedenen Aggregatzuständen verbirgt sich ein und derselbe Gegenstand: Wasser

Erneute Provokation durch den Lehrer: Wie kommt es, dass nur durch *Wärme* aus Eis etwas „ganz anderes", nämlich Wasser, und aus Wasser etwas „ganz anderes", nämlich Dampf wird?

Das Unterrichtsgespräch, unterstützt durch einen *Demonstrationsversuch* (am Topfdeckel kondensiert der Wasserdampf wieder zu Wasser) führt zum Verständnis dafür, dass Eis und Dampf auch Wasser, aber in anderer Form sind.

Ergänzung von *Tafelanschrift (6)*

Zum *Abschluss* der Stunde wird der Gestaltungsgedanke noch einmal aufgegriffen und aus dem inzwischen siedenden Wasser tatsächlich Tee für die Kinder hergestellt.

Arbeitsblatt

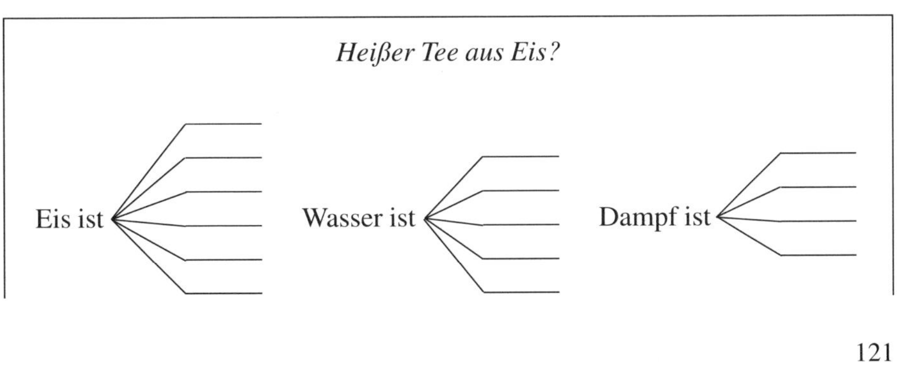

Wärme verändert Wasser:

Eis → [__________] → Wasser → [__________] → Wasserdampf

ist __________ Wasser ist __________ ist __________ Wasser

Wir [__________] Eis zu [__________]. Wir lassen das Wasser [__________], bis [__________] aufsteigt.

Nun geben wir Teeblätter in das kochende Wasser.
Fein schmeckt der Tee aus Eis!

Weiterführung
Bedingungen für die Änderung des Aggregatzustandes in genauen Temperaturmessungen:
Eis (festes Wasser): unter 0°
(flüssiges) *Wasser:* zwischen 0° und 100°
Dampf (gasförmiges Wasser) entsteht bei 100°.
Erarbeitung der Begriffe: Gefrierpunkt/Schmelzpunkt/Siedepunkt.

4.3 Der Winter bringt nicht jedem Freude

Stundenbild: Winterwetter – Aufpassen auf Straßen und Wegen! *(Sachunterricht Sicherheitserziehung 1.–4. Schuljahr)*

Grobziel: Handlungsfähigkeit in alltäglichen, aber kritischen Situationen – Erkennen, Vermeiden und Verhindern von Gefahren
Feinziele
- Überlegen und Verbalisieren, für wen der Winter Freude und Vergnügen bringt
- Begreifen, dass der Winter nicht nur Freude bereitet, sondern in vielen Bereichen Mühen und Gefahren bringt
- Beispiele nennen, wo durch Rücksichtnahme Gefahrenstellen vermieden werden können
- Überlegen, wo und wann man selbst in Gefahr sein könnte und wie dem zu begegnen ist

Einstieg
Tafelbild: Wintersituation (z. B. Haus, Garten tief verschneit, Schneeflocken fallen vom Himmel)
Schüleräußerungen

1. Teilziel: Der Winter bringt Freude
Der Lehrer heftet unter das Winterbild auf die linke Tafelhälfte ein lachendes Gesicht.
Kinder: Viele warten auf den Schnee und freuen sich.
Erarbeitung der Einzelpunkte
– im Klassengespräch
– durch kleine Situationsbilder (z. B. Skilift)
– in Partnerarbeit entweder nur mündlich oder mit notierten Stichpunkten

- Die Kinder freuen sich, weil sie Ski, Schlitten und Schlittschuh fahren können.
- Im Gebirge freuen sich Besitzer der Skilifte, der Hotels und der Gaststätten, weil die Wintersportler kommen und Verdienstmöglichkeiten bestehen.
- Viele freuen sich über die Winterlandschaft vor dem Fenster.
- Die Bekleidungsindustrie und die Sportgeschäfte freuen sich, weil die Winterartikel verkauft werden.

Jeweils Fixieren an der Tafel (evtl. entsprechendes Arbeitsblatt oder Eintrag im Sachheft) mithilfe kleiner Bilder oder in Sätzen formuliert.

2. Teilziel: Der Winter bringt Last
Der Lehrer heftet unter das Winterbild an der rechten Tafelhälfte ein weinendes Gesicht.
Erarbeitung: Für viele Menschen ist der Winter keine Freude.

- Alte oder gehbehinderte Menschen haben Schwierigkeiten bei Eis und Schnee (Hilfsimpuls: Bild einer alten Frau, die zum Einkaufen geht oder Erzählung von einer alten Nachbarin).
- Im Straßenverkehr gibt es zusätzliche Gefahren.
- Für manche Berufsgruppen wird der Alltag durch die winterlichen Verkehrsbedingungen erschwert: Briefträger.
  Zeitungsausträger (Hilfsimpuls: Szene vom Kassettenrekorder: Die Haustüre wird auf und wieder zugeklappt, man hört eine ärgerliche Stimme: Schon wieder kommt die Zeitung so spät, warum die Zeitungsfrau nur seit ein paar Tagen so trödelt!)
  Postverkehr, öffentliche Verkehrsmittel usw.
- Der Winter kostet die Gemeinden durch den Einsatz der Räum- und Streufahrzeuge viel Geld.

Fixieren wie beim 1. Teilziel

3. Teilziel: Ich versuche Gefahren zu vermeiden und zu verringern.
Wiederholung: Der Winter bringt viele Schwierigkeiten
Erarbeitung

3.1 *Ich passe bei winterlichen Straßenverhältnissen besonders gut auf.*
Bild einer verschneiten Straße (z. B. aus den Büchern der Verkehrswacht): Die Kinder verbalisieren die Gefahren für den Autofahrer.
Das Bild an der Tafel oder dem Projektor wird ergänzt durch ein Schulkind.
Impuls: Petra geht in die Schule. Sie sollte sich aber nicht nur am Schnee freuen!
Schüler:
- Sie muss bedenken, dass die Autofahrer schlecht bremsen können, und muss deshalb besonders vorsichtig sein.
- Sie sollte sich am Zebrastreifen das Vorrecht nicht erzwingen wollen, denn der Autofahrer kann evtl. nicht rechtzeitig bremsen und schleudert.

3.2 *Ich schaffe nicht mutwillig Gefahrenquellen.*
Pantomimische Darstellung schlitternder Kinder
Lehrer: Du hast es erkannt. Auf dem Heimweg von der Schule freuen sich Petra und ihre Freundinnen sehr, dass der Gehweg nicht gestreut ist, und schlittern. Sie schlittern so lange, bis sich eine richtige Schlitterbahn gebildet hat, dann kommen andere dazu und es gibt einen Riesenspaß.
Gespräch über *eigene Erfahrungen*
Impuls: Die Kinder freuen sich riesig, aber sie haben einiges nicht bedacht.
Evtl. zusätzlicher Impuls: Bild einer alten Frau, die zum Einkaufen geht
Ergebnis
Was Kindern Freude bereitet, kann andere in Gefahr bringen. Der Winter verlangt Rücksicht. Auf Schlitterbahnen rutschen andere aus und verletzen sich oder die Arbeit (Zeitungsfrau, Briefträger) wird unnötig erschwert. Wie beim Schneeballwerfen (siehe S. 97) muss beim Schlittern bezüglich Ort und Regeln genau überlegt werden, um nicht sich und andere in Gefahr zu bringen.
Gesamtzusammenfassung: Der Winter bringt Freude, aber auch zusätzliche Mühen und Gefahren. Jeder muss nachdenken und mithelfen.

Stundenbild: Warum rutscht Peter ständig aus, Ilse aber läuft sicher?
(Sachunterricht 3./4. Schuljahr)

Ziele: Die Schüler sollen
- eine Situation analysieren
- Vorwissen artikulieren bzw. Hypothesen zum Sachverhalt formulieren

- Veruchsanordnungen selbst planen oder auf Anweisung des Lehrers durchführen, dabei subjektive und objektive Beobachtungen zum Reibungswiderstand unterschiedlicher Materialien machen
- aus den Beobachtungen Schlussfolgerungen auf die Ausgangssituation ziehen
- weitere Anweisungen finden

Einstieg
Situationsschilderung oder kurzer Dialog vom *Kassettenrekorder* zwischen Peter und Ilse …

Problemgewinnung
Hypothesenbildung oder Einbringen des Vorwissens: Es liegt an den Schuhen, an den Schuhsohlen. Es liegt am Material (Gummi oder Leder). Es liegt an der Beschaffenheit (glatt oder rauh oder Profil).

Erarbeitung
- Entweder Arbeitsaufträge/Beobachtungsaufträge zu Versuchsanordnungen oder Versuchsplanung als „Beweis“ für das Vorwissen
- *Mögliche Versuche:*
  - unterschiedliche Materialien (vom Schuster ausgeliehen: Ledersohlen, Gummisohlen …) über eine Glasplatte ziehen, schieben …
  - Schuhe mit wenig/viel Profil über die Glasplatten ziehen, schieben

  Subjektive Beobachtung: Wo kannst du leichter/schwerer schieben?
  Objektivierte Beobachtung: Kraftaufwand mit Federwaage vergleichen
- *Schlussfolgerung* auf die Ausgangssituation:
  Die Schüler erklären, warum Peter mehr rutschen wird als Inge und formulieren Ratschläge für Peter.

Transfer
Die Schüler überlegen weitere Situationen, in denen eine rauhe oder grobe Oberfläche das Rutschen verhindern oder verringern soll (Hilfsimpulse: Situationsbilder, Gegenstandsskizzen, Stichwörter …):
- Sand/Split streuen, Schnee räumen …
- Winterreifen, Schneeketten, Spikes
- Steigeisen, Steigfelle

Die Schüler überlegen, wo eine glatte Oberfläche das Rutschen und Gleiten verbessern soll:
- Schlittschuhe
- Metallkufen beim Schlitten; Plastiktüte als Gleithilfe ohne Schlitten, Skier wachsen …

Anschlussmöglichkeiten
Deutsch/Sprachbetrachtung
– Übungen zu den Fällen (4. Schuljahr)
Wer freut sich über den Winter? *Wer* leidet unter dem Winter / schimpft über den Winter?
Die Kinder werfen Schneebälle. Sie treffen *den* Zaun, *den* Hut …
Das gibt Ärger, denn sie treffen den Zaun *des* Nachbarn, den Hut *des* vornehmen Herrn …
Wem helfen die Kinder?
– Befehlssätze (2./3. Schuljahr)
Regeln und Anweisungen formulieren:
Ziehe keine Schlitterbahn auf dem Gehweg.
Wirf Schneebälle nicht in der Nähe von Fenstern. usw.

Winterleid – Winterfreud: Von improvisierten Klängen zu einer Klanggeschichte *(Musik 3./4. Schuljahr)*

Zunächst sammeln die Schüler in Gruppenarbeit Beispiele zu „Winterleid – Winterfreud" und versuchen dann, diese mit charakteristischen Klängen oder Geräuschen (Stimme, Orff-Instrumente oder selbst gebastelte Instrumente) darzustellen.

Beispiele:

– *kahl:* Dumpfe Töne auf Pauken und Trommeln, unterbrochen von Rasseln und Schellenkranz

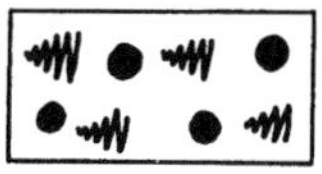

– *Lawine:* Anschwellende Töne auf großer Trommel, lauter werdender Trommelwirbel

– *Glatteis:* Plättchen von Glockenspiel und Metallophon aneinander reiben; Finger befeuchten und damit über einen Glasrand reiben

– *Schneeflocken:* Leise Schwebeklänge und Gleitklänge abwärts auf dem Glockenspiel

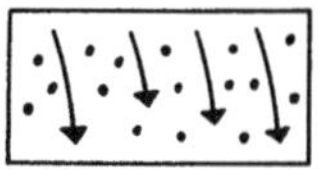

– *Schlittenfahren:* „Bahn frei!" rufen und Gleitklänge abwärts auf dem Xylophon

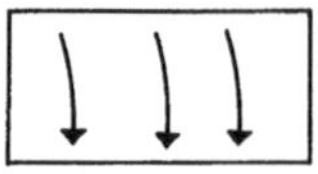

– *Schneeballschlacht:* Unregelmäßige Punktklänge auf Trommeln und Jubelgeschrei, Stöhnen mit der Stimme

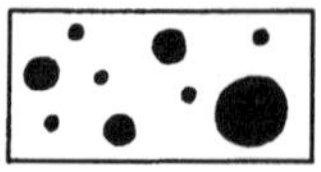

Um die Schüler mit Notationsformen vertraut zu machen werden die Klänge grafisch dargestellt. So können sie wiederholt, auf verschiedene Weise zusammengestellt (komponiert) und ggf. ausgefeilt werden. Musikalische Begriffe wie *crescendo, decrescendo* und Pause können eingeführt werden, z. B.:

Vereinzelt fallen Schneeflocken, der Schneefall wird stärker, es entwickelt sich ein wahrer Schneesturm, der langsam wieder nachlässt und schließlich auflhört.

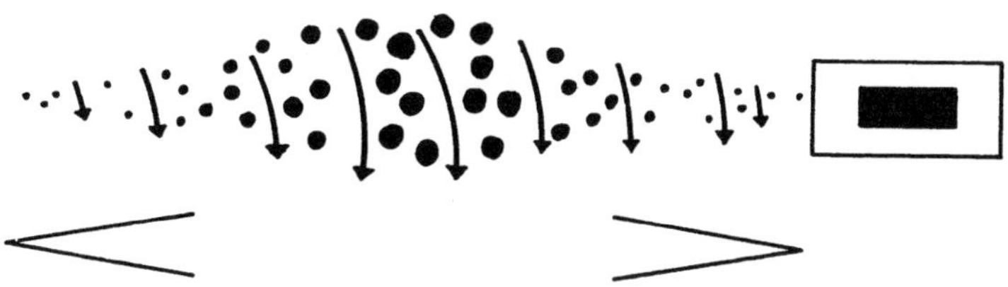

Spiele wie „Ratet den Begriff." oder „Orchester und Dirigent" bieten sich hier an.
Schließlich vertonen wir eine Geschichte, z.B.: Heute ist alles grau und trostlos. Da fallen einzelne Schneeflocken, es werden immer mehr. Auf geht's zum Schlittenfahren. „Bahn frei!" Plötzlich hört man in der Ferne ein Grollen ...

Werkhören: Die vier Jahreszeiten – Winter

Antonio Vivaldi hat Sonette als Grundlage für seine Komposition herangezogen. Satz I und II illustrieren Winterleid – Winterfreud

Frierend und zitternd
im eisigen Schnee
stapft man unter scharfen

Stößen
des Windes
Schritt für Schritt
mit klappernden Zähnen.
Satz 1: Allegro non molto

Glücklich und zufrieden
verbringt man den Tag am
Feuer,
während draußen der Regen
jeden durchweicht.
Satz II: Largo

Einstieg: Lesen der Sonette
Freies Hören: Die Schüler sollen herausfinden, zu welchem Sonett das jeweilige Hörbeispiel gehört, und sollen ihre Meinung begründen.

Erarbeitung
- *Höraufträge:*

Woran erkennst du den Regen? Das Stapfen durch den Schnee? Melde dich, wenn der Schneesturm zu hören ist!
Regen: gezupfte Streicher

Stapfen: gleichförmige Tonwiederholungen
Schneesturm: schnelle Auf- und Abbewegungen der Streicher usw.
Ordne den beiden gegensätzlichen Musikausschnitten *Eigenschaftswörter zu:* friedlich – gemütlich – fröhlich – unruhig – wild – Angst einflößend usw.

- *1. Satz*

Die Schüler zählen zu Beginn die Tonwiederholungen (8 Einzeltöne). Wann setzt das zweite bzw. dritte Instrument ein? Setzt es höher oder tiefer ein? Die sich von unten nach oben aufbauenden Tonwiederholungen zu Beginn des 1. Satzes lassen sich wie folgt notieren:

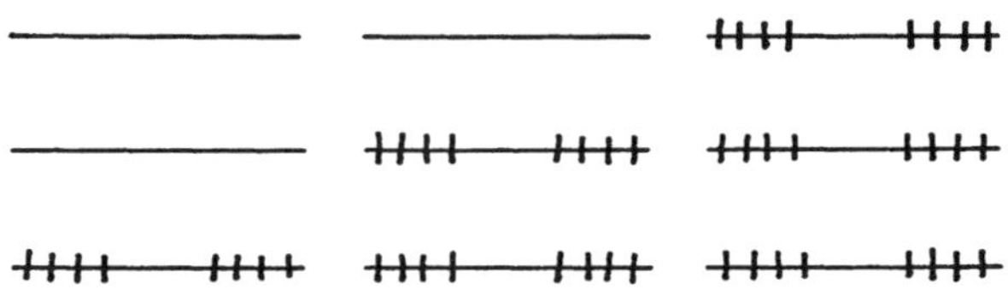

Umsetzen in Bewegung (1. Satz): „Die Hälfte der Klasse steht in einer Gruppe beieinander. Das erste Kind beginnt zur Musik (leise!) auf der Stelle zu stapfen, nach acht „Stapfern" folgt das zweite, dann das dritte und beim Einsetzen der hohen Trillertöne fallen die restlichen Kinder der Gruppe mit ein. Bei den „scharfen Stößen des Windes" bewegt sich die andere Hälfte der Kinder, die um die stapfenden Kinder angeordnet ist, mit wilden Armbewegungen. Diese Art der Umsetzung erfordert sehr gutes Zuhören und eine gute Portion Disziplin."

(Zitat und Anregungen aus Cornelie Druxes: Winter. In: Musik und Bildung. Zeitschrift für Musikerziehung. Mainz 1987: Schott Verlag, S. 861)

- *2. Satz*

Zunächst wird wie beim 1. Satz die Musik grafisch dargeboten bzw. von den Schülern erarbeitet.

Die Schüler verbalisieren noch einmal, was die Musik ausdrückt.
„In der Musik sind deutlich drei Ebenen erkennbar. Über dem Generalbass, gespielt von Violoncello, Kontrabass und Cembalo, erklingt die Melodie der Solovioline. Sie steht für gemütliche Wärme und Zufriedenheit der Menschen, die sich in der Stube aufhalten. Dazwischen sind pizzicato (gezupft) gespielte, gebrochene Akkorde der Violinen zu hören. Diese Klänge sollen den Regen darstellen. Die folgende Grafik macht die drei Ebenen deutlich; sie dient Ihrer eigenen Vorbereitung.

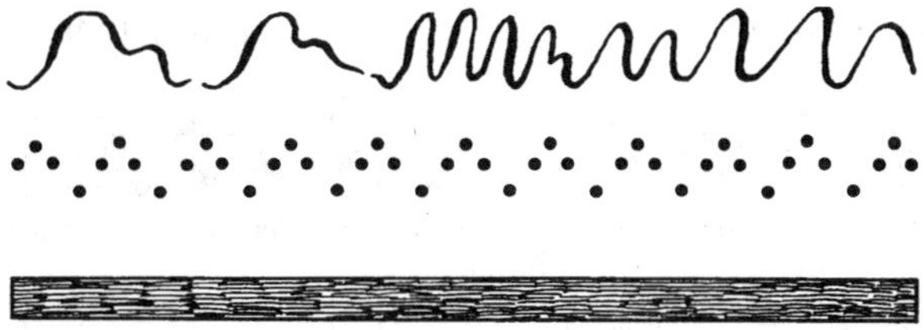

Beim Hören mit Kindern konzentrieren wir uns auf die erste und zweite Ebene, den Generalbass lassen wir unberücksichtigt.“

(aus E. Seippel: Regen im Winter. In: Musikpraxis Nr. 44. Boppard/Rhein 1989, S. 107)

Musikhören und Malen
Malen zur Musik ist neben der Umsetzung in Bewegung ein weiteres Beispiel handlungsorientierten Musikhörens. Auf großen Tapetenstücken malen die Kinder mit dicken Stiften oder Wasserfarben, während die Musik mehrmals erklingt. Wenn sie „frei“, ohne genaue Angaben malen, entstehen sehr unterschiedliche Werke. Beim Besprechen werden deshalb nur Unterschiede herausgestellt, kein Richtig oder Falsch.

Liederarbeitung

Ach bittrer Winter

Aus dem 17. Jh.

2. Die bunten Blümlein sind worden fahl, entflogen ist uns Frau Nachtigall! Sie ist entflogen, wird sie wieder singen?

Hinweis: Die Grundtöne werden hier als Tremolo auf dem XYL gespielt. Dies unterstreicht den Charakter des Liedes.
Spieltechnik: Zwei Schlegel in einer Hand halten. Ein Schlegel schlägt dabei den Stab von oben, der andere von unten an. Es kann aber auch mit beiden Schlegeln im schnellen Wechsel von oben angeschlagen werden.

(aus: Unser fröhlicher Gesell. Wolfenbüttel: Möseler Verlag, S. 286)

Juchhe, der erste Schnee

Ton und Musik: Karl Marx

2. Juchhe, juchhe,
   erstarrt sind Bach und See!
   Herbei von allen Seiten
   aufs glitzerblanke Eis,
   dahin, dahin zu gleiten
   nach alter, froher Weis!

3. Juchhe, juchhe,
   jetzt locken Eis und Schnee!
   Der Winter kam gezogen
   mit Freuden mannigfalt,
   spannt seinen weißen Bogen
   weit über Feld und Wald.

Satz und Zwischenspiel: K. Haus/F. Möckl, verändert von B. Regitz

(aus: Singen und Spielen. Mainz 1977, S. 40)

Beide Lieder sind gegensätzlich: Das erste ist getragen, voller Melancholie und verweist auf Winterleid (e-Moll). Das zweite ist lustig, flott, regt zum Mitklatschen und Mitbewegen an und erinnert an Winterfreud (D-Dur).
Die Liederarbeitung kann je nach Vorwissen der Klasse verschieden erfolgen:

- Man geht vom Text aus, singt die Melodien vor und lässt Text und Melodie einander zuordnen.
- Man stellt das Notenbild der Lieder vor und lässt Erwartungen bezüglich der Melodie äußern (z.B. lange Notenwerte – kurze Notenwerte, Beschreibung des Melodieverlaufs).
- Der Rhythmus der Lieder wird erklatscht, eventuell von einigen besonders begabten Kindern auf Instrumenten (Blockflöte o. Ä.) erspielt.
- Nach dem Vorsingen der Lieder durch den Lehrer werden zu den Liedern passende Adjektive gesucht.

In weiteren Stunden wird die Begleitung eingeübt: Das „zittrige und frierende“ Tremolo und der fröhliche Begleitsatz zu „Juchhe“.

4.4 Spuren im Schnee

Stundenbild: Tierspuren im Schnee *(Lesen/Sachunterricht 3./4. Schuljahr)*

Ziele: Die Schüler sollen

- durch ein Gedicht aufmerksam werden auf Tierspuren
- feststellen, wie der Dichter die Tierspuren beschreibt und „passende“ Tierspuren identifizieren
- selbst kreativ nach Wörtern suchen, um andere Tierspuren zu beschreiben
- herausfinden, von welchen Tieren die Spuren stammen
- angeregt werden nach Tierspuren zu suchen

Einstieg
Tafelbild: Einige gezeichnete Bäume und Büsche um eine große, weiße Papierfläche
Die Schüler deuten sie als verschneite Wiese … o. Ä. Gedichtvortrag durch den Lehrer. Siehe folgende Seite.

Beobachtung

Zarte, feine
klitzekleine
Spuren findest du im Schnee?
Zarte, feine
klitzekleine
Spuren – die sind nicht vom Reh!

Diese krickel
krackel Grüße
schrieb ein andrer Gast hierher:
Zickel zackel
Vogelfüße –
schau: Dort sind schon keine mehr.

Denn nur eben
fast im Schweben
hüpfte, pickte er im Lauf –
und
mit einem Sprunge,
Schwunge
flog er zu den Wolken auf.

Max Kruse

(aus: Lesebuch 3 für die Grundschule. München 1977, S. 106)

Spontanäußerungen ... u. a.: Auf der Wiese an der Tafel sind aber gar keine Spuren zu sehen.
Mit dem Overheadprojektor (vorher passend einstellen!) Tierspuren auf die weiße Papierfläche projizieren:

Arbeit am Gedicht und am Thema

- Spontanäußerungen der Schüler und Vermutungen, von wie vielen (verschiedenen) und welchen Tieren die Spuren stammen könnten …
- Gedicht still lesen, einige gute Leser lesen laut.
- Die Schüler begründen mit Belegstellen, dass zwei verschiedene Tierspuren beschrieben werden, und welche gemeint sein können …
- Lehrer: Der Dichter hat die Spuren so gut beschrieben, dass wir sie genau bestimmen können. Such dir eine der übrigen Tierspuren (Projektor/Lesebuch/Arbeitsblatt) aus und beschreibe sie mit deinen Worten (es muss sich nicht reimen)!

Die Schüler tragen ihre Beschreibungen vor, die anderen Schüler versuchen die dazugehörige Tierspur zu finden und begründen ihre Wahl.

Weiterführung
Lehrer: Der Dichter sagt, dass die Spuren, die er beschreibt, nicht vom Reh stammen – von wem dann?
Die Schüler vermuten und begründen.
Arbeitsblatt (KV 11) als Bestimmungshilfe
Lehrer: Wenn du Lust hast, bitte deine Eltern, auf einem Spaziergang im Wald und am Waldrand, mit dir nach solchen Tierspuren zu suchen. Wenn du welche findest, kannst du Zeit und Ort notieren. Von einigen Tieren sind leicht Spuren zu entdecken. Vielleicht kannst du sie aufzeichnen?
Falls in Schulnähe Gelegenheit zur Spurensuche ist, könnte ein entsprechender Unterrichtsgang eingeplant werden – zumindest Vogelspuren sind auch auf dem Schulhof zu finden!

Sicherung
Schnipp-Schnapp-Spiel mit „Spurenkarten“:

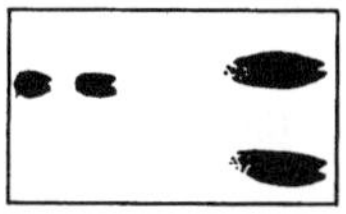

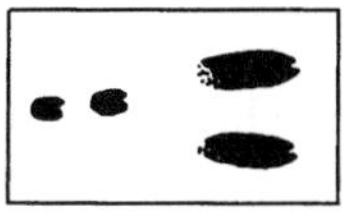

oder

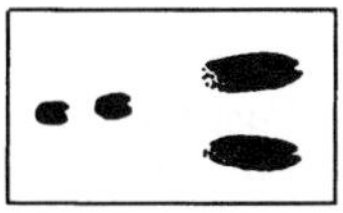

Feldhase,
hoppelnd

Spielregel 1: Zwei Stapel, Tierspurzeichnungen nach oben. Beidseitig immer eine Karte abheben. Ungleiche Spur: Schnipp …, gleiche Spur: Schnapp! (Wer es zuerst ruft, bekommt das Kartenpaar).

Spielregel 2: Ein Stapel Tierspuren, ein Stapel Tiernamen. Spielverlauf w. o. Wenn Spur und Name das gleiche Tier meinen: Schnapp! Kontrolle: Auf der Rückseite der Tiernamenkarte ist erneut die Spur zu sehen.

Spuren im Schnee

KV 11

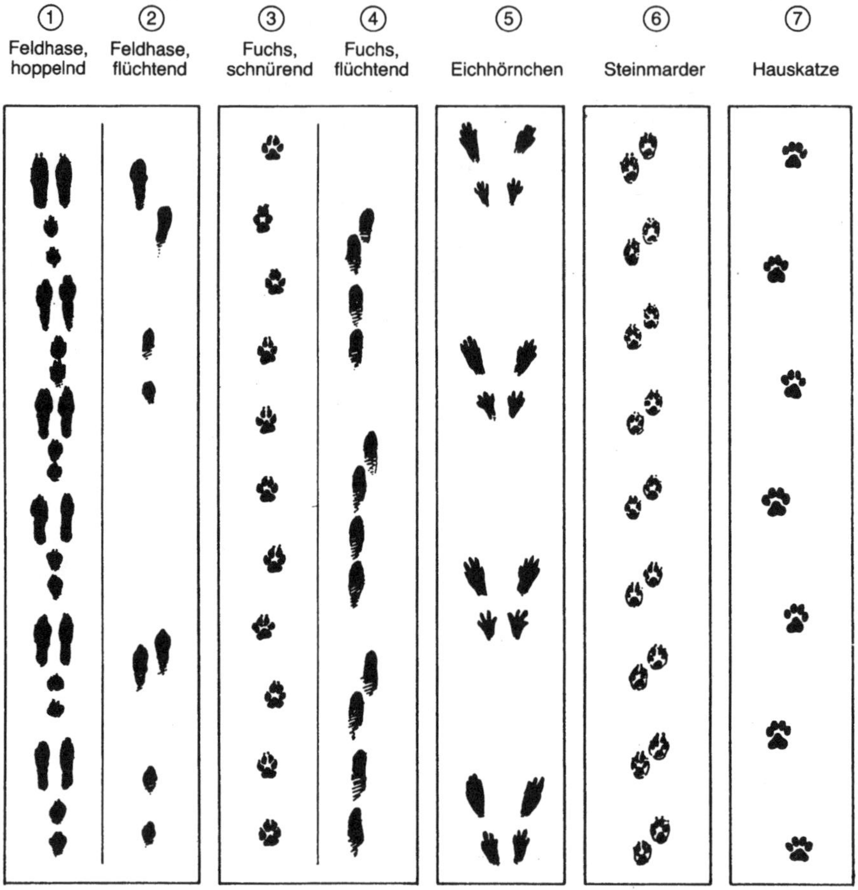

1: Beim Hoppeln setzt der Hase die stärkeren Hinterpfoten vor die Vorderpfoten. Dieser Hase hoppelt sehr langsam.
3: Weil die Fußabdrücke wie Perlen auf einer Schnur erscheinen, nennt man das Traben des Fuchses auch „Schnüren". Ballen und Krallen sind deutlich zu unterscheiden.
4: Diese Spur dagegen ist verwischt.
5: Beim Hüpfen setzt das Eichhörnchen die stärkeren Hinterpfoten vor die Vorderpfoten.
6: Die einzelnen Pfotenabdrücke sind etwa 3 cm breit.
7: Zehen und Ballen sind deutlich zu erkennen. Es fehlen jedoch die Krallenabdrücke. Vorne ist der Pfotenabdruck breiter als der Abdruck einer Fuchs- oder Hundepfote.

# Fährten im Schnee	KV 12

Die Spuren von Huftieren (Hirsch, Reh, Wildschwein) nennt man Fährten. Ein einzelner Fußabdruck heißt „Trittsiegel“.

⑧	⑨	⑩	⑪	⑫	⑬	⑭	⑮
Rothirsch, Beitritt	Rothirsch, Kreuztritt	Rothirsch, Flucht	Rottier, ziehend	Rehwild, ziehend	Rehwild, flüchtend	Wildschwein, ziehend	Wildschwein, flüchtend

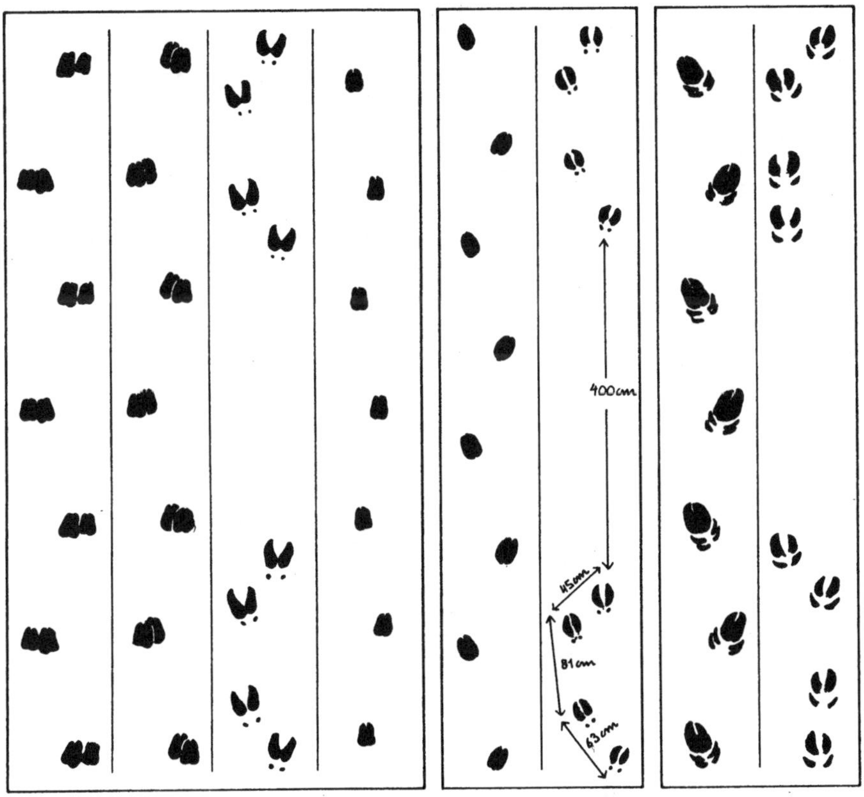

8/9: Der Hirsch läuft langsam. Er „zieht“.
10: Der flüchtende Hirsch macht weite Sprünge und spreizt dabei die Hufe oder „Schalen“.
13: Hier findest du die Abstände der Trittsiegel.
14: Die beiden Schalenteile des Fußes sind unterschiedlich lang. Hinter den Schalen sind die Abdrücke von zwei etwas höher am Fuß sitzenden Zehen.

4.5 Wo es das ganze Jahr Winter ist

Stundenbild: Pitsch, Patsch, Pinguin *(Musik und Bewegung/Lesen 1.–4. Schuljahr)*

1. Erarbeitung eines Spielliedes

Text: Fredrik Vahle, Musik: Fredrik Vahle

Spielanregungen

Pinguine sind vornehme Tiere, sie haben ja einen Frack an. Sie tragen die Nase etwas höher und gehen ziemlich steif durch die Gegend. Die Beine sind beim Laufen ganz durchgedrückt und wer Pinguin spielen möchte, sollte auch die Arme ganz durchdrücken und eng an den Oberkörper anlegen. Und schon kann das Pinguin-Spiel losgehen. Ein Kind fängt an und hat immer nur das zu spielen, was im Lied vorgesungen wird. Nach dem „Schneeballsystem“ werden in diesem Lied immer mehr Kinder in das Geschehen mit einbezogen, bis schließlich alle mitmachen können.

An der Stelle, wo aus zwei Pinguinen vier werden, wird gesungen: „und jeder sucht sich einen andern Pinguin …“

Und nicht vergessen: vorher überlegen, wer den Eisbär spielt.

Zwei kleine Pinguine laufen übers Eis.

Pitsch, Patsch, Pinguin, sie watscheln schon im Kreis (2-mal).

Und der Nordwind weht …

(… usw. mit vier, acht … Pinguinen)
(Im 3er-Takt) Horch, wer brummt denn da, das muss ein Eisbär sein,
(Wieder im 2er-Takt) Und sie ducken sich und machen sich ganz klein (2-mal).

(3er-Takt) Und der Eisbär tappt schon heran, oh Schreck!
(2er-Takt) Pitsch, Patsch, Pinguin, da watscheln alle weg (2-mal).

(aus B. Meyerholz/W. Hering: Kinderlieder zum Einsteigen und Abfahren. Bonn-Bad Godesberg 1986, S. 42 f.)

2. Problematisierung des Liedtextes
Lehrer: Wer aufgepasst hat, merkt, dass der Lieddichter über Pinguine und Eisbären überhaupt nicht Bescheid weiß!
Die Schüler vermuten.
Stummer Impuls: Globus/Karte mit Nordpol/Südpol (hervorgehoben)

3. Erkenntnisgewinnung aus folgendem Text

Die Erde, die ist kugelrund,
das weiß ein jeder wohl,
ganz oben und ganz unten,
da ist auf ihr ein Pol.

Auf beiden Polen gibt es,
auch das ein jeder weiß,
das ganze Jahr nur immer
Kälte, Schnee und Eis!

Im Norden ist der Nordpol,
da wohnt der weiße Bär.
Im Süden ist der Südpol,
da stammt der Pinguin her!

Es treffen sich die beiden
im Leben nirgendwo,
und wenn es schon mal sein muss,
dann klappt das nur im Zoo!

(aus: Winter ABC. München 1987: Domino Verlag, S. 84)

Gedicht im *1. Schuljahr* vorlesen
Der Vergleich von Liedtext und Gedicht macht bewusst: Eisbär und Pinguin können sich nicht treffen.

4. Sicherung und Bestätigung
Beleglesen in Kinderlexika und Sachbüchern

Gestaltungsmöglichkeiten

- *Pinguin (Bastelarbeit)*

Material: Je 1 DIN-A4-Bogen schwarzes und weißes Tonpapier, gelbe Tonpapierreste
Die Formen aufzeichnen, ausschneiden und aufkleben.

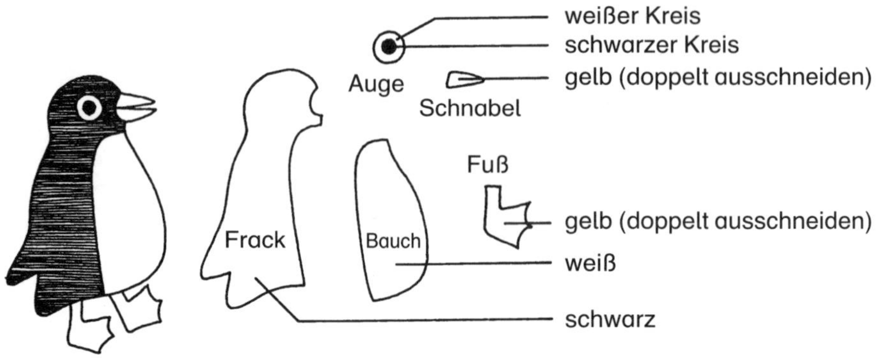

(nach: Marcus Pfister: Pinguin Pit, Nord-Süd-Bilderbuch 1987)

- *Pinguin im Schneesturm (Schüttelglas)*

Material: Honig oder Marmeladenglas mit Twist off-Deckel; Fimo schwarz und weiß, ein Stück weiße Kreide; Pattex (Sekundenkleber, aber nicht in Kinderhände!!)

- Pinguin aus Fimo gestalten (möglichst wenig Einzelteile, gut verbinden), nach Anweisung härten.
- Figur in den Deckelboden kleben.
- Mit Sägemesser Kreidestaub herstellen, in das Glas geben.
- Glas mit Wasser füllen.
- Glas und Deckel fest miteinander verschrauben.

5. Nicht lange mehr ist Winter

5.1 Der Winter verabschiedet sich

Entsprechend Kap. 1.1 *„Wir warten auf den Winter“* werden nun *Anzeichen des Winter-Abschieds* und gleichzeitig Spuren des beginnenden Frühlings gesucht, beobachtet, berichtet und festgehalten:

- Der Schneemann schmilzt.
- Die Eisdecke beginnt zu knistern, bekommt Risse.
- Eiszapfen tropfen. – Es wird wärmer.
- Die Tage werden deutlich länger.
- An den Zweigen der Hecken und Bäume werden die Knospen größer.
- Es ist vermehrt Vogelgesang zu hören.
- Vögel beginnen mit dem Nestbau.
- Im Garten sprießen die ersten Zwiebelpflanzen.
- Fliegen, Bienen … sind wieder zu finden.

usw.

Gestaltungsmöglichkeiten

- Wir halten die Entdeckungen mit Datum und Bild auf einem Plakat fest.
- Wir visualisieren den Übergang als *Fensterbild:*
  Von einem winterlich geschmückten Fenster (Schneeflocken, Schneemänner … vgl. S. 97) wird für jede „Spur des Abschieds“ ein Element entfernt und ein Schneeglöckchen dafür angeklebt.

Faltarbeit: Schneeglöckchen
Material: quadratisches weißes Papier (Würfelblock), grünes Tonpapier
Die Schneeglöckchenblüte falten, Stängel und Blätter ausschneiden und ankleben.

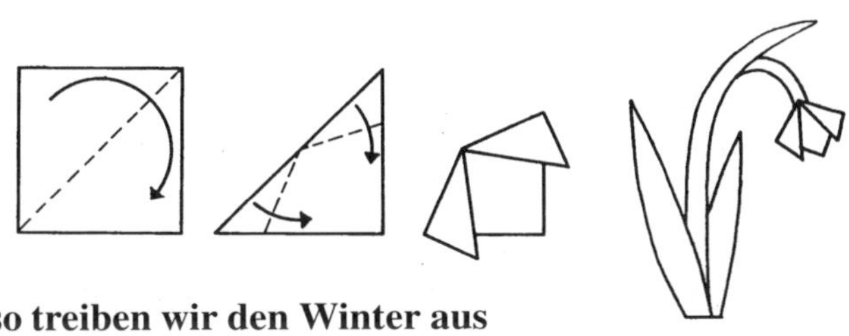

5.2 Hei, so treiben wir den Winter aus

Kein Jahreszeitenwechsel wird so bewusst und deutlich mitvollzogen wie der Übergang vom Winter zum Frühling. Das hat zweifellos existenzielle Gründe (wenn in früher Zeit die Vorräte zur Neige gingen, hatte man allen Grund die neue „Leben bringende“ Jahreszeit herbeizusehnen), auch psychische und soziale Aspekte spielten eine Rolle.
Wenn wir das vielfältige Brauchtum *heimatorientiert (!)* mit den Kindern erleben, beleben, es teilweise auch reflektieren und hinterfragen, beziehen wir Lebensraum

und Umwelterfahrungen der Schüler in unseren Unterricht ein. Die Frage nach Sinn und Bedeutung, nach geschichtlichen Wurzeln, ist fachlich relevant, Aktivitäten und Gestaltung realisieren nicht nur musische Lerninhalte, sie vermitteln auch Gemeinschaftserlebnisse und bereichern das Schulleben.
Im konkreten Fall ist es für den Lehrer wichtig, örtliches Brauchtum zu kennen, seine Entstehung, seinen Sinngehalt und seine Entwicklung zu erfragen. Daher an dieser Stelle nur ein kurzer Kommentar zu *überregional bedeutsamen Bräuchen* um Möglichkeiten ihrer Beachtung in der Schule aufzuzeigen.

Mariä Lichtmess am 2. Februar

Lehrerinformation

Entsprechend der alttestamentlichen Ritusvorschrift erzählt das Lukasevangelium Tempelgang und Reinigung Marias 40 Tage nach der Geburt Jesu *(Lk 2,22ff.). So* endet mit diesem kirchlichen Gedenkfest die Weihnachtszeit. Im Lobgesang preist Simeon das Jesuskind als *„ein Licht, zu erleuchten die Heiden“;* darin ist die Namengebung *„Lichtmesse“* begründet. Das christliche Brauchtum überlagert jedoch – wie in vielen Fällen vorausgehenden heidnischen Kultus: Feuer und Licht als Elemente der Sühne, der Reinigung und der Bewahrung vor Bösem verehrten und demonstrierten auch Römer und Germanen um diese Jahreszeit. So vermischt das Volksbrauchtum beide Wurzeln in Gottesdienst (Feier der „lichten Messe“) und Aberglauben (die zuerst verlöschende Kerze verkündet Tod), in Kerzenweihe (der Jahresbedarf, zumindest aber eine Kerze für jedes Familienglied) und Beschwörung (Druidensterne aus geweihtem Wachs über der Stalltür). – Schließlich feierte man diesen Tag auch als den Beginn der hellen Jahreszeit: Wenn morgens das Tagwerk beginnt, ist es bereits hell genug, dass man ohne künstliches Licht auskommen kann. Zum anderen gilt für den Abend: Mariä Lichtmess die Herren bei Tag ess'.

Unterrichtliche Möglichkeiten

Der letzte Aspekt hat mit der Elektrizität sicher an Bedeutung verloren, kann aber durch kurze morgendliche Beobachtung und Besinnung ins Bewusstsein gehoben werden:

- Wir löschen zu Unterrichtsbeginn das *Licht.* An welchem Tag ist es erstmals so hell, dass jeder ein paar Stichworte (z. B. Liedanfang) mühelos an der Tafel lesen kann?
- An welchem Tag brennt auf deinem Schulweg (vor 8 Uhr) keine *Straßenbeleuchtung* mehr?
- Wir lesen mit dem Datum aus einem Kalender die tägliche Zeit des *Sonnenaufgangs und Sonnenuntergangs* ab (4. Schuljahr: berechnen, wie lange der „Tag“ dauert) und fixieren in einer Tabelle oder in einer Grafik.

Auch *religiöser Sinngehalt und Brauchtum* können kognitiv und affektiv vermittelt werden:

- Wir erzählen den biblischen Text *(Lk 2,22 ff.)*. Jedes Kind darf eine Kerze anzünden (Teelicht).
- Wir stellen unsere Teelichte in Laternen (vom Martinsfest) und veranstalten einen kleinen Lichterumzug, evtl. zur Kirche.
- Wir wärmen uns nach einem solchen Umzug - wie es in romanischen Ländern Brauch ist – mit einem *„Lichtmess-Pfannküchlein"*. (Vorbereitete Pfannkuchen aus der Hand essen)

Valentinstag 14. Februar

Lehrerinformation

Der Namenstag des *Heiligen Valentin* galt im Mittelalter – deutlich in der Erwartung des Winterendes – als Tag der Jugend, der Freundschaft und Liebe; offensichtlich in Anlehnung an eine römische Sitte, nach der junge Männer ein Los mit dem Namen des Mädchens zogen, mit dem sie das Frühlingsfest feiern wollten. So sind Herzen und Blumen, als Freundschafts- und Frühlingsboten, Symbole dieses Tages – was heute kommerzielle Blüten treibt.

Unterrichtliche Möglichkeiten

Am Brauchtum orientierte, freundschaftliche Gesten, kleine Spielformen und Gestaltungsaufgaben können das Schulleben im Alltag bereichern, z. B.:

- *Blumenrätsel:* Jeder bekommt ein Blatt mit Namen und/oder Bild einer (Frühlings-)Blume auf den Rücken geheftet, ohne sein eigenes Schild zu kennen. Beim Herumgehen stellt man Fragen, die von den verschiedenen Partnern jedoch nur mit Ja oder Nein beantwortet werden dürfen; z. B.: Blüht meine Blume im Garten? Hat sie weiße Blüten? Ist sie groß? ... Wer errät seine Blume?
- *Blumenstrauß:* Die Kinder sitzen im Kreis, ein Kind steht in der Mitte, kein Platz bleibt frei. Jeder hat einen Blumennamen, alle Blumennamen werden mehrfach vergeben. Das Kind in der Mitte „pflückt" einen Strauß, d. h. es nennt einen oder zwei Blumennamen. Die angesprochenen Kinder wechseln die Plätze. Dabei versucht das Kind aus der Mitte, einen Platz zu erwischen. Bei „Blumenstrauß" wechseln alle die Plätze.
- *„Sag es mit Blumen":* Heute ist das verpönte „Briefchenschicken" erlaubt – aber es muss geheim bleiben! Jeder malt auf drei kleine Blätter je eine Blume, schreibt etwas Nettes dazu. Im Lauf des Tages (aber nur heute!) dürfen die Briefchen „versandt" werden. Ob die Empfänger die Absender erraten können?

– *Blumenmobile* aus Tonpapier als Deckendekoration im Klassenzimmer und Gang

Winteraustreiben

Um dem harten Winter ein Ende zu bereiten stellte man in germanischer und römischer Zeit symbolisch seinen „Tod“ dar: Strohpuppen wurden mit Schimpf und Schande zum Dorf hinausgeprügelt, angezündet und verbrannt. Weithin ist heute dieses Winteraustreiben von Fastnachtsmotiven (die eigene kulturhistorische Wurzeln haben) überlagert. (Vgl. auch die Prögelbände 157 *Fasching in der Grundschule* und 161 *Frühling in der Grundschule)*
Insbesondere dort wo es noch aufzuspüren ist, sollten die Kinder den Sinn des Brauchtums kennen lernen. Andererseits sind „Wintervertreiblieder“ verbreitetes Volksgut, sodass Kinder auch mit nicht ortseigenem Brauch bekannt werden können.

(Brauchtumsbeschreibungen nach:
- *Alfred Kriegelstein, Hrsg.: Jahreslauf – Brauchtum in Mittelfranken. Mittelfränkische Heimatkunde Bd. 4. München 1986*
- *Sybil Gräfin Schönfeld; Das große Ravensburger Buch der Feste und Bräuche. Ravensburg 1980)*

Stundenbild: Winteraustreiben *(Lesen 3./4. Schuljahr)*

Ziele:
- durch ein Gedicht (und durch einen Sachtext) Wintervertreib-Bräuche und ihre Bedeutung kennen lernen
- den Gegensatz Winter-Frühling in der Laut- und Klanggestalt des Gedichtes entdecken
- das Gedicht klanggestaltend lesen

Hinführung
(etwas düsteres) Winterbild – (helles, leuchtendes) Frühlingsbild
Die Schüler verbalisieren den Gegensatz, das Warten auf den Frühling ...
Lehrer: Auch früher ging es den Menschen so wie dir.
Sachtext (ersatzweise Information durch den Lehrer)

Wenn der unwirtliche Winter lang genug gedauert hatte, wurde die Sehnsucht nach dem Frühling immer stärker. Und weil man sich in alter Zeit den Winter als schrecklichen Unhold vorstellte, fing man eines Tages an, ihn zu verjagen.

Die Schüler vermuten und bringen ihr Vorwissen ein, wie man den Winter vertreiben könnte, zu verjagen suchte ...

Begegnung mit einem Teil des Gedichts

Winteraustreiben

Nun treiben wir den Winter aus,
den alten, kalten Krächzer,
wir jagen ihn zum Land hinaus,
den Griesgram, Brummbär, Ächzer,
...

Das faule Stroh, das dürre Reis
und alles, was vermodert,
das geben wir dem Feuer preis,
dass hoch die Flamme lodert,
...

Das Lied ist aus, Viktoria!
Der Winter ist vergangen.
Wir singen froh ein Gloria
dem Lenz, der angefangen.
...

Guido Görres

(aus: Mein Lesebuch 3 B. München 1989, S. 87)

- lesen
- Wortklärungen

Textanalyse
Stummer Impuls: In der ersten und dritten Strophe hervorheben:
Nun treiben wir den Winter aus
Der Winter ist vergangen

Schüler: Wie ist das geschehen? Ging der Winter von allein? Wie wurde er vertrieben? Kann man ihn überhaupt vertreiben? Er ist doch kein Mensch ...?
Lehrer: Kein Mensch?! Lies noch einmal, was die Leute früher dachten ... Lies die erste Strophe.
Schüler: Der Winter wird beschrieben wie eine Person:
Unhold, Krächzer, Griesgram, Brummbär, Ächzer. Er wird so beschrieben, aber so gibt es ihn doch nicht wirklich ...
Sachtext (oder verbale Information durch den Lehrer)

Man fing an den Winter mit allerlei Lärminstrumenten zu verjagen. Vielleicht hast du schon vom Aperschnalzen gehört?
Die Aperschnalzer mit ihren „langen Goaßln“ an kurzen Holzstielen wollten früher dem Winter durch das Peitschengeknalle zu erkennen geben: Wir haben keine Angst mehr vor dir! Marsch, fort! In anderen Gegenden verwendet man „Ratschn“ oder

Klappern, Blechbüchsen, die an langer Schnur hinterhergezogen werden – und im Übrigen hat ja jeder „Winteraustreiber“ noch seine Stimme!

Damit man auch sehen konnte, wie der Winter davonlief, verkleidete sich ein Bursche aus dem Ort als „Winter“. Dick mit Stroh behängt sah er zum Fürchten aus. Aber mit Krach und Peitschenhieben wurde er zum Dorf hinausgetrieben.

Und wenn der Lärm allein noch nichts nützte?

Vom Allgäu bis Franken kennt man „feurige Bräuche“.
Außerhalb des Dorfes wird Holz und Stroh zu einem großen Haufen aufgeschichtet. Nun stellt eine Strohpuppe auf einem Holzgestell den Winter dar. Einige Burschen tragen sie und lassen sich mit ihr zum Ort hinausjagen. Draußen kommt die Strohpuppe auf den Reisighaufen und wird angezündet. Da verbrennt er nun, der grimmige „Winter“!

(nach: Frohes Lernen 4. Stuttgart 1987, S. 90)

Inhaltliche Wiedergabe durch die Schüler, Klärung von Rückfragen, evtl. Bilder oder Dias zur Veranschaulichung.
Lehrer: Nun verstehst du das Gedicht besser!
Die Schüler erläutern die Stropheninhalte auf dem Hintergrund der Brauchtumkenntnis.
Lehrer: Es geht aber nicht nur darum, den Winter zu vertreiben!
Schüler: Der Frühling soll kommen ... In der dritten Strophe heißt es auch „Lenz, der angefangen“.

Gedichtergänzung (Refrainteile)

Strophe 1 und 2: und laden uns ...
Strophe 3: *Wir laden uns den Frühling ein*
mit Blumen und mit Sonnenschein.
Juchhei! Juchhei!
O komm herbei,
du lieber Mai!

Erarbeitung der Klang- und Lautgestalt
Die Schüler lesen den gesamten Text.
Lehrer: *Mit Lärm* wird der Winter vertrieben.
Weitere, klanggestaltende Leseversuche
Lehrer: Wir wollen den Winter, nicht den Frühling vertreiben!
Differenzierende Klanggestaltung
Lehrer: Du kannst nicht nur an der *Lautstärke* merken, ob der Winter vertrieben oder der Frühling begrüßt wird!
Die Schüler entdecken in den Winter-Strophenteilen die *Häufung dunkler, dumpfer Laute* (Griesgram, Brummbär, faul, Stroh, modert, dürr) und *harter*

Laute (alt, kalt, Krächzer, Ächzer), im Frühlingsrefrain dagegen die *Häufung des hellen „ei"-Lautes* ... Laut- und klanggestaltendes Lesen
Abschließende Gestaltung: Das Lesen mit Orffinstrumenten untermalen bzw. jeweils am Ende eines Strophenteils begleiten (Rhythmusinstrumente für den Winter, Melodieinstrumente für den Frühling).

Anschlussmöglichkeiten
Kunsterziehung
- *Gemeinschaftsarbeit: Wandbild „Wir verbrennen den Winter"*

Material: große Bögen Packpapier zum Bespannen der Wand, Stroh (auch dürre Gräser, dünner Reisig ...), Malpapier DIN A3, Deckfarben, Borstenpinsel, Schere, Klebstoff
Zuerst wird die den Winter darstellende Strohpuppe auf das Packpapier geklebt. Dann malen wir das Feuer nach einer Betrachtung und Besprechung der Kerzenflamme: Wir malen den Flammenkern, den Flammenmantel und den Flammenschein in den Farben dunkelrot, gelb und orange. Entsprechend der Flammenbewegung muss von unten nach oben gearbeitet werden. Um die Farbübergänge nicht zu hart erscheinen zu lassen, malen die Kinder auf dem mit einem Schwämmchen angefeuchteten Hintergrund. Die *Gestaltungsaufgabe* liegt in der Farb- und Formgebung und in der Farbmischung. Nach dem Trocknen werden die Flammen ausgeschnitten und zu einem großen Feuer, zum Teil die Strohpuppe überdeckend, geklebt.

Musik
- Für ein *Winteraustreiben* (z. B. am letzten, dem „unsinnigen", Donnerstag im Fasching) stellen wir im Musikunterricht *Lärminstrumente* her:

Rasseln
Material: zwei Joghurtbecher, Kontaktkleber (nicht in Kinderhände!), zum Füllen: Reis, Linsen o. Ä.
Einen Joghurtbecher füllen und den anderen als Deckel darauf kleben. Beim Spielen wird die Rassel an der Nahtstelle gehalten.

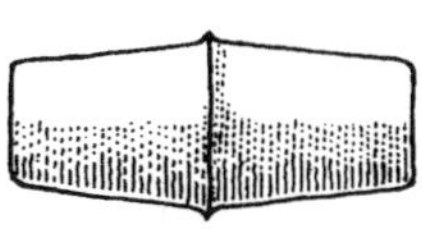

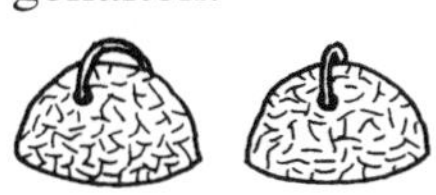

Fingerklapper
Material: zwei Nusshälften, 10 cm brauner Hutgummi, Schmirgelpapier, Handbohrmaschine, Schere
Die Nusshälften mit dem Schmirgelpapier glatt reiben. Mit der Handbohrmaschine zwei Löcher anbringen. Durch die Löcher den Gummi ziehen und innen gut verknoten. Die Gummischlaufe soll einmal über den Zeigefinger, das andere Mal über den Daumen passen. Gespielt wird wie mit den Fingercymbeln.

Knaller

Material: Metallluftpumpe, 40 cm Schnur, Weinkorken, Handbohrmaschine, Schere

Den Ventilanschluss abnehmen. Die Schnur am oberen Teil festbinden. Durch den Korken quer ein Loch bohren, die Schnur durchziehen und verknoten. Geknallt wird, indem man unten den Korken hineinsteckt und „aufpumpt".

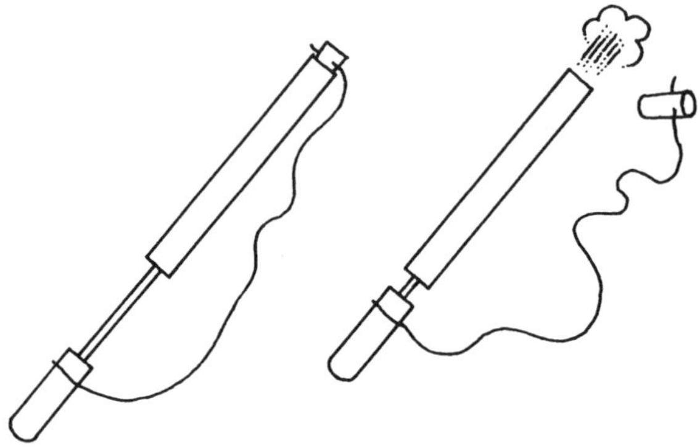

Trompete

Material: ca. 1 m Gartenschlauch, 1 Trichter und ein Trompetenmundstück

Trichter und Mundstück werden auf den Gartenschlauch gesteckt.

Auch so kann *Lärm* erzeugt werden:

- Triangel innen hin und her anschlagen
- Mit einem Schlüsselbund klappern
- Topfdeckel anschlagen
- zwei Topfdeckel gegeneinander schlagen
- mit einer Spardose klappern
- Löffel und Gabel gegeneinander schlagen
- auf leere Waschmitteltrommeln schlagen

Nun kann das Winteraustreiben beginnen!

Vielleicht bietet sich ein Ziel an (eine andere Klasse, Schulleiter, Altersheim ...), bei dem wir den Lärm unterbrechen, unser Gedicht vortragen und ein Austreibelied singen.

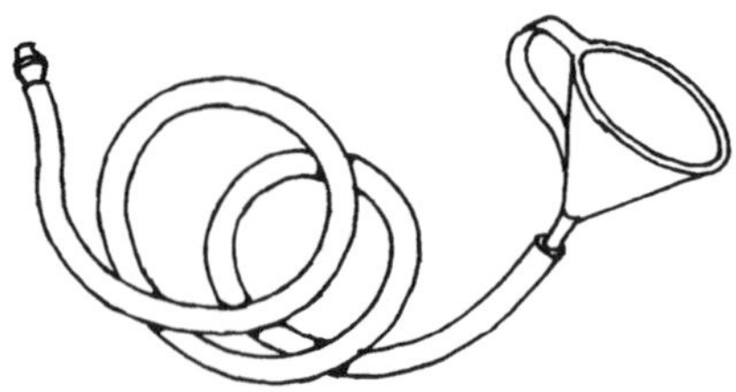

Nicht lange mehr ist Winter Mündlich überliefert

Hinweise: jeweils 2 Achtel klatschen

Triangel festhalten, damit sie nicht zu lange nachklingt.
△ Das Harmonieschema und die △-Begleitung bleibt in jeder Liedzeile gleich (Kanon).

Zur Begleitung

Rhythm. Begleitung: *B. Regitz*

(aus P. Fuchs u. a.: Unser Liederbuch für die Gundschule Schalmei. Stuttgart 1980)